KABBALAH: EL PODER DE CAMBIARLO TODO

Kabbalah Publishing es una DBA registrada de
Kabbalah Centre International, Inc.

Para más información:

The Kabbalah Centre
155 E. 48th St., New York, NY 10017
1062 S. Robertson Blvd., Los Ángeles, CA 90035

1.800.Kabbalah
www.kabbalah.com/espanol

Primera edición en Español, octubre de 2009
Segunda edición, junio de 2010
Tercera edición, febrero de 2011
Impreso en Canadá
ISBN13: 978-1-57189-644-5

Diseño: HL Design (Hyun Min Lee) www.hldesignco.com

100%

Mixed Sources
Product group from well-managed forest
controlled sources and recycled wood or
www.fsc.org Cert no. SW-COC-000952
© 1996 Forest Stewardship Council

KABBALAH

EL PODER DE CAMBIARLO TODO

KABBALAH
PUBLISHING

YEHUDA BERG

ÍNDICE

PRÓLOGO

Cuando era pequeño, mis padres enseñaban Kabbalah en el sótano de nuestra casa. En aquel entonces, yo no entendía mucho lo que hacían. Todo lo que sabía es que siempre había muchas personas en nuestra casa —desde drogadictos a vagabundos—, a quienes mis padres enseñaban y ayudaban.

Cuando cumplí doce años, empecé a hacer preguntas, así que mi padre, el Rav, me presentó su sabiduría, la sabiduría que el maestro de su maestro había hecho accesible al traducirla a un idioma moderno, que su propio maestro hizo accesible para la clase obrera, y que el Rav y Karen (mi madre) entregaron libremente a todo aquel que quisiera aprender. Mi padre fue quien me entregó esta sabiduría.

Sin embargo, en ningún momento me dijo qué debía hacer con ella ni tampoco que esta sabiduría era mi camino. Siempre me dio el libre albedrío para ser un médico, un arquitecto o quien fuera que quisiera ser. Pero cuando cumplí 17 años, de alguna forma supe que este también era mi camino. Necesitaba formar parte de entregar esta sabiduría a los demás.

Mi padre me dio mi primer proyecto para trabajar en el Centro de Kabbalah, y desde entonces ha habido muchos más. Con cada proyecto y a cada paso en el camino creía que necesitaba al Rav o a su sabiduría para apoyarme en ella. No importaba cuántos años habían pasado, a cuántos estudiantes estaba enseñando, ni cuántos éxitos de venta había escrito; todavía era aquel chico de 17 años que se escondía detrás del Rav, que necesitaba su guía y su aprobación.

Creía que no merecía ser un maestro en este linaje histórico de gigantes. Necesitaba al Rav. Necesitaba al maestro del Rav, y al maestro de *su* maestro.

El 2 de septiembre del 2004, mi padre sufrió un infarto cerebral, y básicamente dejamos de estudiar juntos. Como ya no podía recurrir al Rav, intentaba posponer los asuntos y trasladarlos a los kabbalistas: "según los kabbalistas" esto, "según los kabbalistas" lo otro. Todo el tiempo evitaba asumir la responsabilidad de ser un maestro por mí mismo. Hasta ahora.

Curiosamente, en la primera página de mi primer libro cité una frase del Kabbalista Solomon Gabirol que habla sobre adquirir sabiduría. Él dijo: *"En la búsqueda de la sabiduría, la primera fase es el silencio, la segunda fase es escuchar, la tercera fase es el recuerdo, la cuarta fase es la práctica y la quinta fase es la enseñanza".*

Si realmente estás buscando sabiduría, debes enseñar.

Esta idea fue el primer paso de mi propio viaje. *Kabbalah: El poder de cambiarlo todo* es el siguiente paso. Al escribir este libro he aprendido que para enseñar de verdad debes aceptar la responsabilidad del paquete completo, pase lo que pase. Para cambiar el mundo, cada uno de nosotros debe ser un maestro y mantenerse en pie sobre una tarima de orador en Trafalgar Square, sin importarle quién le escucha ni qué pensarán de él o ella. Debe simplemente arriesgarse.

Este libro es mi tarima de orador, sobre la que estoy parado sin miedo y con la esperanza de que elegirás aprender y, algún día, enseñar.

Con inquietud y amor,
Yehuda Berg

INTRODUCCIÓN

APOCALIPSIS
AHORA

Nos demos cuenta o no, ahora mismo estamos en guerra. Estamos en una lucha hasta el final para detener la destrucción implacable de cada aspecto de la vida. Es una guerra de la conciencia. La Biblia nos dice que llegará un tiempo, al final de los días, en los que "Comeréis las carnes de vuestros hijos, y comeréis las carnes de vuestras hijas". (Levítico, 26:29)

Este mundo fue creado para ser dichoso, bello, feliz, sano, limpio, eterno, sostenible; en resumidas cuentas, perfecto. Y perfectos somos. Entonces, ¿qué sucedió? Aunque la intención pudo haber sido que fuera perfecto, el mundo no fue creado así. Fue creado para que a través de nuestros propios esfuerzos pudiéramos alcanzar la perfección para nosotros mismos y para el planeta. Así que, ¿qué pasa con esta dolorosa historia de la humanidad?

Es la historia de la Conciencia.

Nuestra conciencia.

La conciencia es la *esencia* de todo. Es lo que nos hace hacer lo que hacemos y pensar de la forma en que pensamos. Es un controlador incorporado en nosotros que esencialmente nos hace quienes somos.

En el 2009, el científico Dr. Robert Lanza escribió un libro llamado *Biocentrismo: De cómo la vida y la conciencia son las claves para comprender la verdadera naturaleza del Universo*. El Dr. Lanza afirma en su libro: "No hay un universo físico separado fuera de la vida y la conciencia. Nada de lo real no es percibido. Nunca hubo un tiempo en el que un universo externo, tonto y físico existió, o del cual la vida emergiera arbitrariamente más adelante. El espacio y el tiempo existen sólo como construcciones de la mente".

Los físicos cuánticos dicen básicamente que la conciencia humana juega un papel vital en la realidad. En otras palabras, la mesa de tu cocina no existe a menos que tu conciencia la observe. Según los últimos experimentos físicos, no hay un universo independiente ahí fuera. El cosmos entero es una ilusión, creada por la mente. Nada existe realmente *fuera* de nuestra mente. El universo que piensas que ves sólo existe *dentro* del ámbito de la conciencia humana. Es una construcción de la mente.

Según el Dr. Lanza, la conciencia crea el universo que percibimos, ¡no al revés! Concretamente, el universo no dio origen a su existencia y luego creó galaxias, la Tierra, la vida y luego la conciencia. En su lugar, la conciencia creó al propio universo, incluidas todas sus leyes. Dicho de otra forma, no existe tal cosa como el poder de la mente sobre la materia. La mente *es* materia. No sólo la conciencia lo crea *todo*, sino que la conciencia *es* todo.

¿Está diciendo la ciencia (y estoy yo sugiriendo) que fuimos nosotros quienes creamos el sufrimiento que existe en este mundo?

La respuesta es sí.

Escrito hace más de dos mil años, el *Zóhar* explica que el Templo Sagrado en Jerusalén no fue construido con hachas y martillos. Sí, estas herramientas erigieron la estructura física, pero su creación real se originó en la conciencia de las personas que lo concibieron. En realidad, todas las maravillas del mundo: las pirámides, las cataratas del Salto del Ángel, los Jardines Colgantes de Babilonia, etc., fueron creados por la conciencia. Este pasado agosto, visité las Cataratas Victoria, en el río Zambezi, y después de admirar esta maravilla del mundo no me queda ninguna duda de que fue creada por la conciencia.

Del mismo modo, también es la conciencia la que destruye. Sé que *El poder de cambiarlo todo* suena como un objetivo inalcanzable cuando:

- La Organización Mundial de la Salud estima que 2.400.000 personas mueren cada año por problemas de salud directamente atribuibles a la polución del aire. Se ha determinado mediante satélite que casi diez mil millones de libras de aire contaminado se están dispersando sobre el Océano Pacífico y llegando a América del Norte desde el este de Asia y otras regiones.

- Hay cinco millones de muertes cada año; la violencia y las heridas son responsables del 9% de la mortalidad global, lo cual representa el mismo número de muertos por VIH, malaria y tuberculosis. Seis de las quince causas de muerte principales en las personas de 15 a 29 años están relacionadas con la violencia: suicidio, homicidio, ahogamiento, quemaduras, heridas de guerra y envenenamientos.

- Un hombre de Bakersfield, California, se drogó con Penciclidina (PCP) y le arrancó el globo ocular de un mordisco a su hijo de cuatro años, para después comérselo. Según los reporteros, cuando no podían localizar el ojo perdido del niño, el pequeño le dijo al detective: "Mi padre se comió mi ojo". Después de torturar de esta forma tan espantosa a su hijo, el padre, que iba en silla de ruedas, intentó cortar sus propias piernas con un hacha.

Aun así, la verdad sigue siendo la misma. ***Todo*** se construye y se destruye con la conciencia.

Así que, por mucho que parezca que las cosas son fijas e incambiables, *podemos cambiarlo todo.*

¿QUÉ ES LA CONCIENCIA?

Hay una fuerza infinita de Conciencia. Es la Causa de todas las Causas, y alberga en su interior la felicidad infinita. La religión llama a esta fuerza Dios. Algunos la llaman Luz, o Energía. Llames como la llames, debes saber que es la Causa y la fuente de todo lo bueno.

Hay una segunda fuerza de conciencia que fue creada por la primera fuerza para ser el recipiente de todo lo bueno. Esta segunda fuerza de conciencia incluye a todas las almas de la humanidad.

Si la primera fuerza de conciencia es la Causa, entonces la lógica nos dice que la segunda fuerza de conciencia es el Efecto.

Sigamos esta lógica para lograr entender qué es lo que realmente necesitamos cambiar.

Si plantamos una semilla en la tierra, nace un árbol. La semilla es la *causa*, y el árbol que da la fruta es el efecto. Este es el reto al cual nos enfrentamos. Una vez que la semilla brota, la semilla propiamente dicha se desvanece: se vuelve imposible de detectar. Sin embargo, esta semilla está siempre presente, dando continuamente de su esencia al árbol desarrollado aunque no haya prueba de su existencia.

Cuando la Causa de toda la creación hizo brotar a nuestro universo —el cual incluye las estrellas, las galaxias, las plantas, los océanos y el fruto que llamamos humanidad—, parece como si Dios se hubiera desvanecido. Por eso a menudo sentimos una carencia de Dios en nuestras vidas y en nuestros esfuerzos por sanar este mundo caótico.

La Madre Teresa sufrió una crisis de fe a lo largo de sus muchas décadas de vida, lo cual se hace evidente en las cartas que escribió y que fueron conservadas en contra de su deseo. Muchas de esas cartas se hicieron públicas en el libro *Madre Teresa: Ven y sé mi Luz*. Parece que su vacío surgió cuando empezó a atender a los pobres y moribundos en Calcuta. En una de sus cartas a un confidente espiritual, el Reverendo Michael van der Peet, ella escribió: "Jesús tiene un amor muy especial tanto por ti como por mi; en lo que a mí respecta, el silencio y el vacío es tan grande, que miro y no veo, escucho y no oigo, mi lengua se mueve pero no habla… Quiero que reces por mí, para que Él actúe libremente".

Un vacío y una oscuridad tales son el doloroso resultado de no saber dónde reside la Esencia de Dios.

De la misma forma que cada causa contiene el efecto, *cada efecto contiene la causa.*

Esto significa que si miras dentro del fruto del árbol —el efecto final— encontrarás la causa. Recuerda que una vez que la semilla brota, se vuelve imposible detectar o encontrar la semilla original. Sin embargo, ¿quién puede negar que la semilla esté siempre presente, dando continuamente de su esencia al árbol crecido, aunque no haya prueba o evidencia de su existencia?

Si la humanidad es el efecto de la Creación, entonces si miramos dentro de la humanidad encontraremos la causa de la Creación. Si miramos dentro del hombre, encontraremos a Dios. Nuestra verdadera esencia es Dios, nuestra fuente de conciencia es Dios, y Dios tiene el poder de cambiarlo todo. El problema es que lo hemos olvidado, ¡y continuamos olvidándolo!

Entonces, ¿cómo activamos la esencia de Dios en nuestro interior?

UTILIZANDO LA REGLA DE LA CONCIENCIA

Hay una regla fija que gobierna el ámbito de la conciencia. Si no entendemos plenamente esta regla inmutable e irrevocable de la conciencia, continuaremos sufriendo y muriendo. Rav Áshlag dice que esta ley por sí sola es la clave de toda la sabiduría. Es la siguiente:

Lo similar se atrae, los opuestos se repelen.

Cuando digo esto, no me refiero a la popular ley de la atracción (nuestros pensamientos crean nuestra realidad). Ésta es sólo la primera mitad de la regla. Todos queremos felicidad, pero, ¿qué estamos dispuestos a hacer para generarla? ¿Cuánto trabajo estamos dispuestos a invertir? Aquí es donde la humanidad ha fracasado hasta ahora. Hemos olvidado que el trabajo reside en la segunda mitad de la ley: *los opuestos se repelen*.

Si Dios es la Causa y nosotros somos el Efecto, y causa y efecto son polos opuestos, entonces nos encontramos en una realidad que es lo opuesto a Dios. Una realidad de muerte en lugar de inmortalidad. De oscuridad, en vez de Luz. De dolor, en lugar de placer. De sufrimiento, en vez de serenidad. De ataques de pánico, en lugar de paz mental. De mentiras, en vez de verdad. De materia sin sentido, en lugar de conciencia. De caos, en vez de orden. De vacío, en lugar de plenitud.

Nuestro trabajo, lo aceptemos o no, consiste en cambiar nuestra conciencia de una de efecto, de lo que es *opuesto* a Dios, a lo que *es* Dios. Nuestro trabajo es transformar este mundo, que parece imperfecto y oscuro, en aquello que fue creado para ser: un mundo lleno de Luz y perfección.

EL CAMINO HACIA EL HOGAR

Sólo hay un camino de vuelta al paraíso. Si Dios es la Fuente de todo lo bueno, si Dios es unidad, si Dios es poderoso, si Dios ve el cuadro completo, si Dios es responsable, si Dios es amor, si Dios es dar e impartir, entonces debemos volvernos idénticos a Dios. Recuerda: tenemos esta esencia en nuestro centro. Ha estado dentro de nosotros desde el principio.

Cuando nos olvidamos de que somos Dios, no somos diferentes de los animales. En realidad, nos volvemos peores que ellos.

En un viaje reciente a Botswana, en el sur de África, mi guía me explicó algo interesante sobre los elefantes. Me dijo que los elefantes comen entre 16 y 18 horas al día. Sin embargo, sólo el 12,5% de lo que comen nutre su cuerpo. El otro 87,5% lo eliminan. Estas heces de elefante sustentan a los otros animales y la vida salvaje del ecosistema de África. Cuando llega la temporada de lluvias, el estiércol de elefante fertiliza la tierra y ayuda a crear los alimentos para la siguiente estación.

Cuando estamos en la conciencia del efecto, nuestra energía no sólo no perpetúa la continuidad, sino que manifiesta destrucción. Simplemente creamos desperdicios que no fertilizan nada. Cuando la conciencia de Dios se elimina de este mundo, el mundo está condenado a la autodestrucción.

Sólo la humanidad tiene *libre albedrío*. Ningún otro aspecto de la Creación puede elegir entre la Conciencia de Dios o la conciencia del efecto. Nosotros sí podemos.

Se nos otorgó el regalo del libre albedrío para que cuando surgiera un desafío pudiéramos reconocerlo como una oportunidad para el crecimiento; para que pudiéramos verlo como una llamada a despertar, en lugar de verlo como una oportunidad para caer en la victimización. Cuando queremos tener un buen día, disponemos de las herramientas para tener un buen día. ¿Elegiremos ser un superviviente o una estadística, un creador o un destructor? La elección es nuestra.

Hay un relato sobre un hombre que deja este mundo y llega a las puertas perladas, donde un ángel le ofrece una visión previa del Cielo y el Infierno. Ambos escenarios muestran exactamente la misma escena: hay gente sentada alrededor de una gran olla con estofado, y cada uno de ellos sujeta una cuchara de madera con un mango muy largo. Confuso, el hombre le dice al ángel: "Esto no puede ser el Cielo y el Infierno. Parecen iguales". A lo cual le responde el ángel: "No, verás, en el Infierno las personas están frustradas y hambrientas, e intentan desesperadamente alimentarse a sí mismas; pero por mucho que lo intentan, no son capaces de llevarse la comida a la boca utilizando esas cucharas tan pesadas y con un mango tan largo. Sin embargo, en el Cielo, las personas están sanas y felices porque se alimentan las unas a las otras".

Estamos en una encrucijada en la historia de la humanidad, en la cual podemos escoger el Cielo o el Infierno. Ya casi hemos alcanzado el punto más bajo posible. Ahora es nuestra decisión hasta dónde queremos aguantar. Tal como nos dice la Biblia, hay dos opciones: o las personas cambian a mejor, o empezará el final de los tiempos.

Muchos creen que el 21 de diciembre de 2012 —que marca el final de una era de 5126 años, según el calendario Mesoamericano de cómputo largo— este planeta y todos sus habitantes experimentarán una transformación física o espiritual positiva, mientras que otros creen que será el principio de un Apocalipsis.

No podemos seguir esperando.

Como géminis, estoy fascinado por los datos aceptados y no contrastados. En este libro, me referiré a muchos de los problemas actuales en el mundo y quizá los presente bajo una nueva luz. Ofreceré algunas reflexiones sobre soluciones espirituales cotidianas presentadas por algunos de los grandes sabios de la Historia. Sin embargo, esta no es la razón principal por la que escribo este libro.

Mi propósito es despertarnos al conocimiento simple de que las cosas pueden ser diferentes si cambiamos nuestra conciencia. De efecto a Dios. De dormidos a despiertos. De víctimas a líderes. No podemos resolver un problema que no podemos ver. Una vez lo vemos, el único otro ingrediente que necesitamos es el *deseo*. Esta parte debe provenir de ti y de mí individualmente. Tenemos que *querer* cambiar el estado de nuestro mundo actual, tenemos que *querer* hacer un cambio personal. Para poder cambiarlo todo, tenemos que *quererlo muchísimo*.

Es mi esperanza más ferviente que después de leer estas páginas, tú también lo quieras.

CAPÍTULO 1
LA RAÍZ DE TODO MAL

Muchas personas se sorprenden cuando les digo que no voté en las elecciones presidenciales del 2008 y que no soy necesariamente partidario de Barack Obama. Pero tampoco soy republicano. Simplemente creo que no hay una *única* persona que pueda crear el tipo de diferencia que estamos buscando. Las elecciones presidenciales del 2008 estaban centradas en el cambio a cualquier precio. La gente sentía que *cualquier* cosa sería mejor que la situación previa. Pero necesitamos más que una *oferta* de esperanza o un cambio en un partido político. Ninguna persona ni partido podrá hacerlo todo, ni siquiera hará lo suficiente. El cambio tiene que venir de cada uno de nosotros individualmente.

Desde un punto de vista espiritual, un líder es sólo un reflejo de la conciencia del pueblo. Por lo tanto, ese líder sólo podrá ser tan fuerte y poderoso como lo sean las personas a las que sirve. Los líderes malos están ahí para hacernos pasar a la acción. Cuando vemos algo que no nos gusta en nuestro liderazgo, es para mostrarnos que eso es lo que debemos reconocer y transformar en nosotros mismos. No debemos esperar que nuestros líderes sean perfectos, porque no lo son. *Debemos* esperar que los líderes trabajen consigo mismos y nos reflejen de vuelta aquello que *nosotros* necesitamos cambiar a nivel personal.

Aunque cada país tuviera el mejor líder posible, el mundo seguiría siendo imperfecto. Si se hubieran saltado las leyes de la física para permitir que Abraham Lincoln sirviera como presidente de los Estados Unidos durante 200 años consecutivos, nuestro país seguiría afrontando los mismos problemas a los que nos enfrentamos hoy en día; y los seguiremos afrontando mientras nuestra conciencia siga siendo la misma.

Mis creencias políticas están ciertamente influenciadas por las de mi padre y mi madre. Cuando era pequeño, nunca seguíamos las elecciones presidenciales ni nos uníamos a la montaña rusa de cómo lo estaba haciendo un presidente o un líder político. La política era algo que se había centrado en el ego, como una nube que parece sólida pero en realidad no es otra cosa que vapor. De hecho, me costó decidir si debía incluir un capítulo sobre política en este libro. Sin embargo, sabiendo que para muchas personas la política es el camino para lograr el cambio, sentí que era necesario abordarla.

En nuestra familia creemos que el auténtico poder de crear la diferencia viene de aprender a trabajar con principios espirituales y leyes universales. Cuando mi padre era joven, su primer intento de crear una diferencia fue enseñando a niños. Más tarde intentó crear esa diferencia a través de sus actividades comerciales, y a pesar de que tuvo éxito, no fue capaz de crear un gran cambio de esta forma. Luego probó en la política. Empezó donando dinero para apoyar las iniciativas de los políticos con cuyos ideales se sentía en sintonía, y finalmente creó relaciones con gente de poder en Washington D.C. Sin embargo, tan pronto como mi padre conoció a su maestro espiritual, Rav Brandwein, e inició sus estudios con él, se dio cuenta de que su propio vehículo para crear el cambio más positivo posible en el mundo eran las enseñanzas de la Kabbalah.

LA ESPIRITUALIDAD Y LA POLÍTICA

Antes de que los chinos ocuparan el Tíbet, éste era uno de los modelos ideales de un sistema político socio-espiritual. Autoproclamada como "una nación religiosa e independiente", el gobierno del Tíbet estaba encabezado por su Santidad el Dalai Lama, el último de un largo linaje de líderes políticos y espirituales. Cuando China invadió el Tíbet, el gobierno chino creía que podía simplemente exigir que los tibetanos reemplazaran las fotografías del Dalai Lama por las de Mao, y de esta forma imponer una transición del budismo al comunismo. Por muy ridículo que pueda sonar, es representativo de la forma en que la política se ha desviado de su base espiritual por todo el mundo. Sea nuestra nación una monarquía, una oligarquía, una república o una democracia, hemos desplazado la intención espiritual de nuestros fundadores por un sistema basado en el ego.

Muchos de nuestros antepasados, incluidos Benjamin Franklin, George Washington, Thomas Jefferson y John Hancock eran masones. Los orígenes de los fundamentos de la masonería pueden hallarse en los mismos fundamentos que subyacen al sistema espiritual de la Kabbalah: poner las necesidades de los demás antes que la tuya propia. Washington tomó la segunda posesión de su cargo como presidente de los Estados Unidos vestido totalmente en ropajes masónicos, y todavía hoy puede verse una pintura con su retrato colgada en la Biblioteca del Congreso. Albert Pike, un oficial militar confederado, abogado, escritor y uno de los masones más relevantes de todos lo tiempos, dijo una vez: "Lo que hemos hecho por nosotros mismos muere con nosotros; lo que hemos hecho por los demás y por el mundo permanece y es inmortal".

SEPARANDO A LAS PERSONAS

Es difícil reconciliar las divisiones que nuestro sistema político actual crea. La política es algo que debe unir a las personas, sin embargo tiende a tener el efecto opuesto. En los Estados Unidos, la presencia de tan solo dos partidos políticos importantes agrava este efecto polarizador. Muchas personas sienten que tienen que escoger un bando y que una vez que lo han hecho su compromiso debe mantenerse firme, independientemente de las personas que su partido nombra o de la política que propone. Cada grupo político que existe hoy en día define su posición con base en si es de derecha o de izquierda, mientras que las soluciones espirituales se encuentran a menudo en lo que los budistas llaman el Camino Central, o lo que los kabbalistas llaman la Columna Central.

Desde una perspectiva espiritual, lo ideal es incluir ambas: la conservadora y la liberal. El valor de un enfoque conservador es que enfatiza la responsabilidad por nuestras propias acciones y sus efectos. El beneficio de una forma de pensar liberal es que nos hace consciente de la importancia de tratar a los demás en la forma en que querríamos que nos trataran a nosotros, así como de la profunda sensación de satisfacción que obtenemos de cuidar de los demás. La mayoría de políticas no funcionan porque enfatizan las diferencias entre estos dos ideales, mientras que la espiritualidad los incorpora a ambos.

Es más, incluso los políticos con creencias más firmes suelen cambiar de posición constantemente; no porque cambien sus ideales, sino porque se vuelven adictos al poder de la opinión pública. Un expresidente de los Estados Unidos dijo una vez: "Durante las elecciones, todo gira alrededor del cambio y de cuidar del pueblo. Pero una vez estás en la silla, todo gira en torno a permanecer en ella".

Mi falta de interés y participación en la política no ha impedido que la gente intentara etiquetarme. Recientemente envié un correo electrónico en *blast* (ráfaga) animando a la gente a ser más consciente del medio ambiente. Mucha gente me escribió asumiendo que debido a mi enfoque sobre el medio ambiente, debía ser un demócrata. ¿Por qué la preocupación por nuestro aire y nuestra agua sólo le pertenece a los demócratas? ¿Por qué debemos intentar definirnos con etiquetas universales?

La identidad y la posesión forman parte del dominio del ego. A través del ego nos apegamos a una ideología, a un partido político, a una persona y a nuestras opiniones fragmentadas y apasionadas. En pocas palabras, la política se ha vinculado inextricablemente al ego. Por otra parte, la intención de la espiritualidad es eliminarlo.

Tal como explica Rav Áshlag, el ego es esa voz dentro de nosotros que dispara el juicio, el control, la ira, el orgullo e incluso el odio. Es lamentable que la mayoría de los sistemas políticos saquen a relucir estas cualidades en la gente, en lugar de ensalzar las virtudes de la tolerancia, la dignidad humana y la preocupación por los demás que idealmente nuestros líderes aspirarían a preservar.

No hay absolutos. Siempre que algo se mueve en esa dirección, vigila: el ego está en funcionamiento. Sólo el ego quiere que las cosas sean blancas o negras, correctas o incorrectas; quiere que afirmemos que lo somos todo o que no somos nada, que somos Donald Trump o que no somos nadie.

Tal como dijo George Orwell: "El poder absoluto corrompe absolutamente". Tal como demuestran los personajes de la novela de Orwell, *Rebelión en la granja*, dale a una persona el poder absoluto e inevitablemente se volverá controladora, forzando a los demás a que hagan lo que ella quiera. Bajo esta perspectiva, la revolución social de *Rebelión en la granja* estaba condenada al fracaso desde un principio, aunque empezó con el establecimiento de un código optimista de tolerancia: "Ningún animal debe tiranizar a sus semejantes. Débiles o fuertes, listos o ingenuos, todos somos hermanos".

El presidente Nixon intentó apelar a la autoridad del poder ejecutivo para retener cintas de casete incriminatorias de personas que las buscaban, incluido el abogado fiscal. Ciertamente, todos los presidentes y las personas que están en el poder son susceptibles de ejercer este tipo de abusos, pero la verdad es que ninguno de nosotros está exento del pensamiento egocéntrico. Es el ego quien nos engaña para que pensemos que tenemos razones para hacer lo que sea necesario con tal de imponernos sobre aquellos que percibimos como nuestros enemigos.

Demasiada sangre se derrama en las guerras del mundo, y muchos recursos de valor se están malgastando en el proceso. La Guerra Civil

Norteamericana fue la guerra más mortífera en la historia americana, produciendo alrededor de 1.030.000 muertos (cerca del 3% de la población de Estados Unidos en aquel tiempo), entre ellos 620.000 soldados. Se estima que la Guerra Civil se saldó con las muertes de tantos norteamericanos como la suma de todas las guerras de los Estados Unidos. Aquella fue una guerra que se libró por conflictos sociales, políticos, económicos y raciales. La gente se definía en función del bando al que apoyaba, y en lugar de abordar las causas subyacentes y verdaderas del problema, ambos bandos se volvieron intolerantes hasta el punto que no fue posible una resolución pacífica. El ego encuentra formas de hacernos ir a la guerra, incluso con nosotros mismos.

El pensamiento absolutista nos da permiso para atacarnos entre nosotros, tal como demostró la difamación, el juicio y la ira presentes en las elecciones presidenciales del 2008. Como dijo una vez el escritor y poeta inglés Rudyard Kipling: "Las palabras son claramente la droga más poderosa que utiliza la humanidad". Las palabras pueden crear daño real a individuos y a sus familias. Sin embargo, hemos hecho caso omiso de esto. El dolor y la división creada por el lanzamiento indiscriminado de insultos se consideran algo normal en el ruedo político. Es el ego lo que nos permite ser tan despreocupados con respecto al daño colateral. Ya usemos nuestras palabras para ensalzarnos a nosotros mismos o para rebajar a otra persona, éstas causan daño, y en ambos casos su fuente es el ego.

Y lo que es peor es que a pesar de toda la retórica para probar lo contrario, sufrimos de una falta de responsabilidad *real*. Y en la ausencia de un equilibrio de poder, la corrupción guiada por el ego está destinada a tomar el poder. El resultado es que las personas que están en el poder empiezan a creer que pueden hacer lo que quieran.

De este modo su objetivo, que antes pudo haber sido el servicio, se centra en acumular y preservar el poder.

CREANDO ÍDOLOS

Damos *demasiado* poder al individuo que promete el cambio. Queremos que esa persona arregle lo que está mal en nuestras vidas para no tener que hacerlo nosotros. Esta es la misma razón por la que convertimos a los famosos en ídolos y en obsesiones. Si nos enfocamos en la última ruptura de Hollywood o en el último traje que llevó Obama, no tenemos que pensar en nuestros verdaderos problemas. Es mucho más fácil construir nuestra imagen ideal de otra persona o crear una historia alrededor de él o ella, que asumir la responsabilidad de lo que está sucediendo en nuestras vidas.

La intención inicial del periodismo era dar voz al pueblo en una democracia. Los pioneros de la prensa se arriesgaron mucho para extraer información que permitía al público interpretar un papel activo en un sistema de equilibrio de poderes. Sin embargo, en lugar de preservar este don, hemos perdido la capacidad de distinguir entre el entretenimiento y las noticias reales, tanto que las noticias reales están en grave peligro de extinción.

No estoy diciendo que no deba darse importancia a determinados sucesos, sino que la cantidad de cobertura que se le da a la vida de las personas —y a su muerte— indica dónde se encuentran nuestras prioridades. A diario, oímos hablar más sobre las últimas declaraciones de Britney Spears o Lindsay Lohan que sobre los genocidios en África o los desastres naturales en China. ¿Y quién es exactamente Paris Hilton? ¿Qué ha *hecho* ella para merecer la fama?

Por lo que sé, ha jugado exitosamente el juego de los medios para crear una identidad lucrativa y llamativa.

Cuando Michael Jackson, el "Rey del pop" falleció, sus obsesivos fans pasaron interminables horas enviando mensajes a través de *Twitter*, de los blogs y mirando canales de informativos y de entretenimiento que cubrían la vida y la muerte del joven artista. Los canales de televisión de todo el mundo retransmitieron su funeral. *Facebook* registró una respuesta asombrosa a su conexión en directo con el funeral (que fue creada en asociación con la cadena CNN). Treinta minutos después de que empezara el funeral, se habían enviado 500.000 actualizaciones; 300.000 usuarios se habían registrado a través de *Facebook Connect y CNN*; y se realizaban aproximadamente 6.000 actualizaciones por minuto. Estas estadísticas ni siquiera reflejan el apoyo adicional de *Facebook* a la cobertura del funeral en Internet por parte de los canales *E! Online, MTV y ABC News today*. Los cifras registradas excedieron por mucho las alcanzadas por la histórica ceremonia de investidura de Barack Obama.

Ponemos a las personas que admiramos en un pedestal y luego, cuando su comportamiento deja de encajar con nosotros, los rebajamos de nuevo. Nuestros ídolos no son diferentes de los demás. Sean cuales sean las fortalezas más destacadas de una persona, él o ella siempre tendrá defectos igual de grandes. Todos somos seres imperfectos. Los verdaderos líderes son aquellos que conocen sus limitaciones y trabajan con ellas. Son fieles a sus palabras, predican con el ejemplo e inspiran a los demás a pasar a la acción por sí mismos.

JONÁS Y LA BALLENA

Si has leído la Biblia, conocerás la historia de Jonás. Dios le dijo a Jonás que era su responsabilidad ayudar a las 600.000 personas que vivían en Nínive, un pueblo que vivía enfocado en el ego. Sin embargo, Jonás no pensó que estaba a la altura de esta tarea. No se sentía merecedor, así que en vez de ayudar, Jonás huyó y se escondió en una barca que salía a la mar.

Muchos días después de iniciar el viaje, una gran tormenta amenazó con destruir el barco. La tripulación estaba convencida de que el mar estaba furioso con alguna de las personas que estaban a bordo. Para descubrir el nombre de la persona que había provocado al mar, organizaron un sorteo, y el nombre de Jonás fue el que sacaron. La tripulación lanzó a Jonás al agua, con la esperanza de que eso apaciguara la mortal ira del mar.

Jonás se encontró solo en mar abierto, luchando por su vida. En plena desesperación fue engullido por una ballena, pero en el tibio vientre de aquel animal, Jonás empezó a procesar todo aquello de lo que había estado huyendo. Rezó y trabajó sin descanso para vencer a su ego, que le estaba haciendo sentir incapaz de asumir la responsabilidad que Dios le había encomendado. Finalmente, después de tres días, la ballena escupió a Jonás.

Aliviado y renovado, Jonás logró llegar sano y salvo a la orilla. Luego corrió hasta el pueblo de Nínivé para salvar a sus habitantes. Porque creyó que podía hacerlo, Jonás fue capaz de ayudar a la gente de su pueblo a transformarse; y eso es lo que hace un verdadero líder. El auténtico liderazgo requiere golpear al ego.

Estamos aquí para cometer errores; ese es un aspecto ineludible de nuestro destino. Un líder auténtico nos mostrará que hay dos caminos que podemos tomar: admitir nuestros errores y cambiar, u ocultarnos la verdad a nosotros mismos y culpar a los demás Un líder de verdad no sólo nos ayuda a descubrir nuestras imperfecciones, sino que también nos da permiso para ser vulnerables y por lo tanto cambiar realmente. Cuando elegimos ocultar nuestros errores, estamos operando en el ámbito del ego. Pero cuando exponemos nuestros lugares oscuros y vergonzosos, el universo nos protege del juicio y la negatividad. Paradójicamente, el grado en que nos exponemos a nosotros mismos es el grado en el que estamos protegidos. Recientemente recibí un correo electrónico del pastor de una escuela en el que compartía sus dificultades conmigo. Su valentía y vulnerabilidad me emocionaron, y me gustaría compartir sus palabras contigo:

Buenas tardes.

Cada semana espero con ilusión tu mensaje. Me da muchos temas sobre los que pensar y reflexionar. Gracias especialmente por la sabiduría de esta semana. Dentro de la escuela en la que trabajo como pastor se está produciendo una guerra. Las batallas se han vuelto intensas y muy personales. Durante tres años he sido objeto de palabras crueles, rumores, ataques y rechazos. Ha sido una experiencia agotadora. Este año he renovado mi compromiso de soltar los sentimientos negativos y simplemente hacer mi trabajo lo mejor que pueda. Y los ataques siguen ocurriendo…algunos esperados y otros por sorpresa. Siento la angustia de todos aquellos que están involucrados en una guerra.

Tus palabras me han dado ánimos para descubrir mis inseguridades, mis "problemas" y mis puntos débiles para no dejar que me provoquen.

Cuando investigaba sobre los sistemas sociales y políticos me encontré otra carta excepcional, supuestamente escrita por Aristóteles y dirigida a Alejandro el Grande. Posteriormente he descubierto que existe controversia sobre la autenticidad de esta carta, pero la encontré tan relevante para esta conversación, que me sentí obligado a incluirla de todas formas.

Bendito sea Él que abre los ojos de los ciegos y muestra a los pecadores el camino verdadero. Permite que Él sea alabado en la manera apropiada, pues yo no sé como alabarle por la gran bondad y misericordia que me ha mostrado. Le estoy eternamente agradecido por alejarme de la estupidez a la que he consagrado mi vida.

Toda mi vida he profundizado en la filosofía para explicar todos los fenómenos naturales de una forma lógica. Finalmente, en el crepúsculo de mi vida, tuve oportunidad de entrar en conversación con un sabio judío. No me llevó mucho tiempo darme cuenta de su gran sabiduría, y él me llevó a comprender cuán grande es la Torá que fue entregada en el monte Sinaí.

Él me enseñó la profundidad interna de la Torá, proporcionándome muchas ideas brillantes basadas en sus enseñanzas. Tomé conciencia de lo necio que he sido por no darme cuenta de cómo Dios puede manipular las leyes de la naturaleza, y de que gran parte de lo que sucede en el mundo está dirigido por Dios.

Al tomar conciencia de todo esto, decidí dedicarme a explorar la sabiduría de la Torá. No me llevó mucho tiempo darme cuenta de que la Torá está basada en fundamentos reales, mientras que los axiomas de la filosofía son verdaderamente arbitrarios.

Por lo tanto, mi querido discípulo Alejandro, si tuviera el poder para reunir todos los libros que he escrito, los quemaría. Me avergonzaría mucho que algunos de ellos perduraran. Sin embargo, me doy cuenta de que no tengo este poder; mis libros ya han sido publicados y se han difundido por todo el mundo. También me doy cuenta de que he de recibir un castigo Divino por haber escrito libros tan engañosos.

Por tanto, hijo mío, Alejandro, te escribo esta carta para decirte que la gran mayoría de mis teorías relativas a la ley natural son falsas. Aunque la naturaleza sí existe, Dios es el Señor del universo, y Él dirige todas las cosas de la forma que Él considera apropiada. Estoy diciendo abiertamente a todo el mundo que no deben malgastar su tiempo en las falsas teorías que he propugnado.

Siento que he salvado mi alma al admitir mi error. Espero que no se me considere culpable por el pasado, pues he actuado desde la ignorancia. Pero ahora he revelado al público que estaba equivocado y me duele el corazón por todo el tiempo que he malgastado en mis estúpidas teorías.

El sabio judío con quien conversé me mostró el libro de los proverbios (Mishlei), escrito por el rey Salomón, uno de los grandes genios de todos los tiempos. El sabio me mostró que en muchos lugares, el rey Salomón había advertido que no malgastáramos el tiempo en especulaciones filosóficas. En uno de estos lugares, dice: "Dile a la Sabiduría: 'tú eres mi hermana' y considera al Entendimiento como un familiar tuyo, pues ellos te guardarán de la extraña mujer, de la mujer libertina que habla tan suavemente". (Proverbios 7:4-5)

Siento pena de mis ojos, por lo que ellos han visto, y de mis orejas, por lo que han escuchado. Siento pena de mi cuerpo por malgastar su fuerza en unos estudios tan perjudiciales.

Sé que tú me alabas y me dices que soy famoso en todo el mundo a causa de los libros que he escrito. La gente habla muy bien de mí. Pero desearía estar muerto por los libros engañosos que he diseminado por todo el mundo. Aquellos que se consagran a la Torá obtendrán la vida eterna, mientras que aquellos que se dedican a leer mis libros obtendrán el sepulcro. Pero estoy preparado para aceptar el castigo que todos ellos me impongan.

No te escribí antes porque temí que te enojaras conmigo y tal vez hasta me hicieras daño. Pero ahora he tomado la decisión de decirte la verdad. Sé que cuando recibas la carta ya estaré muerto y enterrado, pues soy consciente de que se acerca mi fin.

Me despido con saludos de paz, Alejandro de Macedonia, gran emperador y soberano.

Tu maestro, Aristóteles".

> *Yalkut MeAm Loez: La antología de la Torá, Éxodo III 6, Los Diez Mandamientos.*
> *Yitró 3 Página 154*

Al iniciar mi investigación sobre Aristóteles, esperaba encontrar las verdades espirituales detrás de los orígenes de la política. Aunque las revelaciones de Aristóteles sobre la Torá (espiritualidad) y sus propios escritos (política) eran interesantes y adecuados, curiosamente lo que más me impactó fue el gran coraje y humildad que tuvo que tener para escribir estas palabras, para entender, aceptar y admitir al resto del mundo que estaba equivocado. Que Aristóteles venciera el apego natural del ego a sus propias ideas y que repudiara su trabajo de vida, es algo que me dejó anonadado.

¿NECESITAS UNA IDENTIDAD?

Nuestro sentido de la posesión y el apego son trabajo del ego. Sólo nuestro ego se aferra a ideas, a expectativas, a un sentido de la posesión y a lo que pensamos que es nuestra identidad. Tenemos que darnos cuenta de que todo lo que tenemos en esta vida es prestado: nuestro cuerpo, nuestras posesiones materiales, las personas que hay en nuestra vida, nuestros logros, nuestros talentos, todo. Lo que estás leyendo no es *mi* contenido, ni *mi* libro. Nada de lo que pensamos que es nuestro nos pertenece en realidad. Somos simplemente guardianes a quienes se nos entregan estos dones y retos para llegar a conocer nuestra propia perfección. El ego nos dice que tomemos posesión de una identidad determinada que puede tener mucho poder o ninguno, pero ambas son ilusiones. Y esta ilusión es la fuente primordial de sufrimiento en nuestra vida.

Mucha gente conoce al magnate de la aviación Howard Hughes. La riqueza neta estimada de Hughes ascendía a la asombrosa cifra de 43,4 mil millones de dólares. Sin embargo, él desarrolló un miedo obsesivo a las personas y a los gérmenes que empezó a afectar gravemente a su vida a mediados de la década de los cincuenta. En 1966, se había mudado a Las Vegas, Nevada, donde se recluyó en un hotel. Cuando el hotel le amenazó con desalojarle, él lo compró, y durante los siguientes años muy pocas personas llegaron a ver a Hughes, quien se volvió tan solitario que rara vez salía de su habitación. En 1976, Hughes se había convertido en un ermitaño, tanto que cuando falleció, el Ministerio de Hacienda tuvo que utilizar sus huellas dactilares para confirmar su muerte.

Todos nosotros somos más que ese yo unidimensional que nuestro ego proyecta, pero podemos apegarnos tanto a una identidad concreta que nos olvidemos cómo vivir sin esa personalidad. ¿Quién es Michael Jordan, sino un jugador de baloncesto? Cuando finalice su carrera en el baloncesto, ¿dejará de existir? Por supuesto que no. Él es un padre, un marido y un ser humano comprometido con la vida. Al aferrarnos a un solo aspecto de nosotros mismos, limitamos nuestro potencial de alcanzar la plenitud verdadera como una persona completa. Si elegimos apegarnos a una identidad y convertirla en el centro de nuestro ser, cuando nos despojamos de ese aspecto de nosotros mismos nos quedamos sólo con el dolor y el vacío. La naturaleza del ego es agarrarse a lo que es temporal. Cuando elegimos soltar eso, entonces no sólo nos liberamos de una fuente importante de sufrimiento, sino que también estamos abiertos a recibir el regalo de la siguiente etapa de nuestra vida que el universo presenta ante nosotros.

Por cierto, la identidad a la que nos apegamos no siempre es positiva; algunos de nosotros nos aferramos también a identidades negativas. Es el ego quien piensa que *somos los dueños* de nuestros éxitos y nuestros fracasos, cuando en realidad ambos son sólo oportunidades. Es lo que hacemos con ellos lo que realmente importa.

Nos gusta colocar a los demás (y a nosotros mismos) en categorías limitadoras con el propósito de identificarlos, pero las vidas de las personas no encajan nítidamente en compartimentos. No hay límites a lo que somos capaces de hacer y en lo que somos capaces de convertirnos, siempre que nos enfoquemos en algo fuera de nosotros mismos. Las elecciones presidenciales de los Estados Unidos del año 2000 fueron una competición entre George W. Bush, el candidato republicano, y Al Gore, el candidato demócrata. Como todos sabemos, George W. Bush se convirtió en presidente. Al Gore ganó aquellas elecciones, pero George Bush tomó posesión del cargo porque manipuló el sistema. Aquellas elecciones le fueron arrebatadas a Al Gore —algunos dicen que le fueron robadas— en frente del resto del mundo. Sin embargo, después de aquellas elecciones, Al Gore ha ganado en popularidad y talla, además del Premio Nobel de la Paz. Al Gore perdió la presidencia, pero a cambio recibió el don de encontrar su voz verdadera, su auténtico propósito, en lugar de tener que mantener la personalidad equívoca que se requiere para jugar en el juego de la política. Después de todo, ¿quién es más influyente en la actualidad, George Bush o Al Gore?

Si Al Gore se hubiera encasillado en su identidad de "candidato a la presidencia derrotado", ¡se hubiera perdido una gran oportunidad! Siento que el golpe al ego que recibió en frente de todo el pueblo americano soltó su agarre a esa identidad, y creó un espacio para su compromiso desinteresado con el medio ambiente, lo cual le llevó a crear el documental "Una verdad incómoda", a ganar un premio Nobel de la paz y a aumentar la conciencia a nivel internacional de los peligros a los que se enfrenta nuestro planeta.

Necesitamos llegar a un lugar en el que, aunque nos quitaran todos y *cada* uno de los dones que se nos han prestado, nos sentiríamos igualmente completos. Tenemos que aceptar y apreciar quiénes somos cuando nos despojamos totalmente de nuestras identidades. Cuando miremos, encontraremos que siempre hay algo bueno que podemos hacer por el mundo si nos dedicamos a ello.

La posesión también tiende a aparecer en las relaciones con otras personas. Pensamos que amar a las personas —a nuestros hijos, por ejemplo— significa que las poseemos, y que sus vidas nos pertenecen. Pero hay una marcada diferencia entre *ocuparse* de una persona y poseerla. Ocuparnos de nuestros hijos es nuestra responsabilidad, pero poseerlos es una ilusión creada por el ego que sólo causará dolor y sufrimiento para ellos y para nosotros.

La posesión aparece cuando ayudamos a los demás y de repente sentimos que tenemos derecho a un pedazo de su éxito. Un amigo mío es entrenador personal. Recientemente me dijo que su negocio no va muy bien. Preocupado por la situación actual, me explicó que una vez había entrenado a un hombre de negocios con una fortuna neta valorada en cien millones de dólares. Este cliente en particular alababa a menudo los servicios del entrenador personal, y decía que su éxito se debía parcialmente al alivio del estrés y el ejercicio que mi amigo le ayudaba a realizar. Aunque su cliente ya no trabajaba con él, mi amigo sintió de alguna forma que su relación significaba que tenía el derecho de participar del éxito actual de su cliente.

Le pregunté a mi amigo: "¿Cuándo fue la última vez que trabajaron juntos?".

"Hace diez años", me contestó.

"¿Y él todavía es millonario?", le pregunté.

"Sí. ¡Ahora tiene una fortuna valorada en doscientos millones de dólares!, me dijo.

Riendo, le dije: "¡Parece ser que le fue aún mejor sin ti!" ¿Por qué sigues creyendo que su éxito tiene algo que ver contigo? Suelta ese sentimiento, y tu negocio volverá a prosperar de nuevo".

Al ver lo desanimado que estaba mi amigo, le intenté explicar lo que estaba sucediendo. La posesión puede llevarnos a sentir que tenemos ciertos derechos; y eso, si no lo revisamos, nos puede llevar hacia la autodestrucción. Lo cierto es que las cosas verdaderamente maravillosas sólo ocurren cuando no nos apegamos al resultado. Desafortunadamente, el ego siente que tiene el derecho a la gratificación. Así es como el ego nos encierra en una percepción errónea de nuestra valía personal: o sobrestimada o infravalorada.

Imagina que la importancia del trabajo de tu vida no fuera reconocida hasta mil años después de tu muerte. Si este fuera el caso, ¿continuarías trabajando en lo mismo? ¿Te seguirías sintiendo realizado con ese trabajo? Jesús sólo tuvo unos doce seguidores durante toda su vida. Aunque más de mil millones de personas practican el cristianismo hoy en día, Jesús nunca fue testigo de este éxito. Sir Isaac Newton escribió más sobre misticismo que sobre ciencia, pero su familia mantuvo aquellos escritos ocultos tras su muerte en 1727. No fue hasta varios siglos más tarde cuando sus descendientes descubrieron aquellos escritos espirituales y metafísicos tan profundos. Los eruditos que han estudiado sus trabajos, coinciden en que Newton era un hombre profundamente espiritual, y que sus estudios científicos pudieron ser menos importantes para él que encontrar sentido al mundo no físico que le rodeaba.

EL OBJETIVO ES EL CAMBIO

El objetivo principal de todo esto —porqué estamos nosotros aquí, porqué está el mundo aquí y porqué tenemos el sistema político y los líderes que tenemos— es lograr el *cambio*. Este es el propósito de la vida. Pero entonces, ¿por qué parece tan difícil cambiar? Porque el ego se interpone en el camino. El 95% del combustible y la energía que se requiere para lanzar un cohete al espacio se consume en el despegue. El 5% remanente se utiliza para el resto de la misión. El proceso del cambio funciona de una forma muy similar. El 95% de nuestra energía se requiere tan sólo para vencer al ego; es la parte más difícil. El ego intentará detenerte antes de que ni siquiera empieces. Él no quiere que cambies, pero una vez que vences este primer obstáculo, el cambio empieza a crear su propio impulso. Puede que hoy no veas ningún resultado de tu decisión de cambiar, pero mientras pasas de la primera marcha a la segunda y llegas a la superdirecta, el cambio va ganando velocidad.

Hay un relato sobre un hombre que necesitaba mil dólares para pagar la boda de su hija. Agobiado por el prospecto de tener que recaudar una cantidad de dinero tan elevada en tan poco tiempo, fue a pedir ayuda a un sabio. El sabio le aconsejó que visitara al hombre más rico del pueblo y le pidiera el dinero. Debes saber que este hombre adinerado era conocido por ser excepcionalmente avaro con su dinero. Aunque muchas personas le habían pedido préstamos a lo largo de los años, él nunca le había dejado dinero a nadie.

Siguiendo el consejo del sabio, el hombre fue a ver al avaro. Le pidió los mil dólares, pero el avaro negó con la cabeza. Sin embargo, justo cuando el hombre se disponía a marcharse, el avaro le ofreció un centavo. Ofendido por el mísero regalo, el solicitante se dio la vuelta y partió. Angustiado, volvió a ver al sabio y le explicó lo que había sucedido.

El sabio le dijo que volviera a ver al avaro y aceptara el centavo. "Pero eso no me ayudará a acercarme a la cantidad que debo recaudar para la boda, ¡que es *esta* semana!", exclamó el hombre.

"Confía en mí y haz lo que te digo", replicó el sabio.

Así que el hombre volvió, y el avaro le ofreció de nuevo el centavo. Esta vez el hombre lo aceptó. Entonces, cuando el hombre se disponía a partir, el avaro le ofreció una moneda de 25 centavos. El hombre también la aceptó, y cuando se iba a marchar el avaro le ofreció un dólar; luego le ofreció veinte; luego cien. En poco tiempo, el hombre había alcanzado la cifra de mil dólares que necesitaba.

Eufórico, volvió corriendo a darle la buena noticia al sabio y a hacerle una pregunta: "¿Cómo sabías que el avaro me ayudaría? ¡Él nunca le ha dado dinero a nadie!".

El sabio le explicó que durante toda su vida el avaro había *querido* ser generoso. Sin embargo, él no sabía cómo dar. Sólo era capaz de desprenderse de un centavo, y siempre que lo ofrecía, nadie se lo aceptaba. Cuando este hombre aceptó el centavo del avaro, el acto de dar le hizo sentir tan bien que el avaro quiso dar más. Y cuanto más daba, más quería dar.

Lo mismo nos ocurre a todos nosotros. Una vez que nos abrimos al cambio, la primera acción crea un apetito por más cambio. Empezamos a querer más y más crecimiento en nuestras vidas, y este deseo está apoyado por una certeza creciente de que podemos cambiar.

Rav Brandwein explicaba que la diferencia entre aquellos que llevan a cabo la transformación y aquellos que no lo hacen es que aquellos que logran cambiar *saben* desde un principio que *lo harán*; aquellos que no lo logran, carecen de esta convicción. Debemos saber que hay un proceso, y confiar en él. Sólo porque una fruta no está madura no significa que nunca llegará a estar dulce. Tenemos que aceptar el viaje y no dejar que el ego nos atrape en su deseo de resultados inmediatos, o nos encierre en una percepción inflexible de nuestra identidad. Cuando aparece una oportunidad de que tu ego reciba un golpe, por muy duro que sea —y créeme, es lo más difícil que harás nunca—, simplemente encáralo. Baja tu cabeza y encáralo: como un hombre, como una mujer, como Al Gore, o como Aristóteles.

Zusha fue uno de los sabios más grandes de todos los tiempos. Vivió hace unos 250 años, y a menudo iba de pueblo en pueblo enseñando y ayudando a las personas con sus problemas. Tal como él lo veía, esta era su misión en la vida. En uno de los pueblos a los que viajó Zusha, se encontró con una gran fiesta. Atraído por la curiosidad, se acercó a ver qué estaba pasando. Observó que las personas que había dentro no estaban bailando ni celebrando. Estaban sentadas, cabizbajas, hablando bajito entre ellas. Confundido, Zusha le preguntó a un transeúnte: "¿Por qué está todo el mundo tan triste?"

Esto fue lo que le dijeron: "Pues bien, iba a celebrarse una gran boda esta noche. Lamentablemente, la familia perdió todo el dinero que había ahorrado para la boda y ya no pueden pagar los gastos".

Zusha preguntó: "¿Saben cuánto dinero perdieron?". Y le dijeron la cantidad exacta.

Al día siguiente, temprano, Zusha volvió al pueblo exclamando: "¡He encontrado el dinero perdido!". Se acercó a la familia con un fajo de billetes y se lo entregó. Sorprendidos, empezaron a contarlo y descubrieron que milagrosamente era la cantidad exacta que ellos habían ahorrado para la boda. Cuando empezaron a agradecer a Zusha por su generosidad, él les detuvo y dijo: "Esperen un momento. Ahórrense las gracias. Yo fui quien encontró el dinero, y podría habérmelo quedado, pero no lo hice. ¿No creen que merezco una recompensa?". Zusha insistió en que no dejaría el pueblo hasta que no le pagaran una parte por haber recuperado el dinero.

Los habitantes del pueblo se quedaron atónitos. Se habían preparado para hacer un héroe de Zusha, sólo para darse cuenta más tarde de que era tan avaricioso como cualquier otra persona, sino más. Los habitantes se pusieron furiosos, y algunos empezaron a sugerir que el mismo Zusha había robado el dinero para reclamar la recompensa. Unas horas más tarde, Zusha fue expulsado del pueblo por su comportamiento vergonzoso.

Cuando regresó a su hogar, Zusha fue a ver a su maestro, que ya estaba al corriente de lo sucedido. El maestro le preguntó a Zusha: "Voy a asumir que no encontraste el dinero. Sabiendo el tipo de persona que eres, supongo que en realidad le diste a la familia tu propio dinero. ¿Pero por qué pediste la recompensa?".

Zusha contestó: "Verás, justo cuando iba a darles mi propio dinero a los novios, me dije a mí mismo: "Zusha, ¿cuánta gente en el mundo haría lo que tú estás haciendo? Nadie". Empecé a sentirme tan orgulloso de mí mismo, que tomé conciencia de que mi ego estaba asomando su cabeza. Por eso tuve que trazar un plan para darles a los novios el dinero sin alimentar a mi ego al mismo tiempo. Decidí que ser expulsado del pueblo por mi avaricia sería suficientemente humillante para que mi ego no se interpusiera en el camino".

NUESTRA MISIÓN

La misión de encontrar y destruir a nuestro propio ego nos acerca a la grandeza. Es uno de los riesgos más audaces que podemos asumir. Es lo que nos saca de nuestra zona de confort para que podamos crear una diferencia en este mundo. Cuando ignoramos a nuestro ego, somos capaces de ver soluciones reales porque de repente estamos abiertos a ver lo que no sabemos. Esto nos da el poder de hacer preguntas y de no aceptar las cosas por su apariencia. Tenemos que buscar más profundo para encontrar respuestas "no convencionales" que puedan llevarnos a un futuro más brillante.

¿Cuántos políticos piensan que porque ponen en marcha un plan o una política determinados, merecen más poderes y honores que el resto? Tal como Al Gore hizo evidente, no son nuestros éxitos lo que importa realmente; es lo que hacemos con nuestros *fracasos* lo que hace que tanto nosotros como nuestro trabajo sean maravillosos en este mundo. La humillación es en realidad uno de los métodos más rápidos para poner al ego en el punto de mira. El deseo de sentirnos elogiados y reconocidos es una señal reveladora de que el ego está creciendo. Pero si una cantidad suficiente de personas puede empezar a ver plenamente cómo funciona su ego y a destruirlo, alcanzaremos una masa crítica, y el mundo cambiará.

Tal como explicó Baal Shem Tov, todo lo que vemos en los demás es en realidad un reflejo de nuestro ego. Cuando vemos algo en otra persona que nos molesta especialmente, lo que estamos viendo en realidad es nuestro propio ego. Es más, la razón por la cual lo vemos cuando lo vemos es porque ese es el momento ideal para derribarlo.

Durante el proceso de escribir este libro, he estado trabajando en mis propios cambios y retos personales. No fue una coincidencia que a lo largo de este capítulo tuviera tres serias discusiones con algunas de las personas más importantes de mi vida. Estoy agradecido a estos seres queridos —y especialmente a mi madre, a quien le debo el agradecimiento más grande—, pues ellos me mostraron dónde se esconde mi ego.

CAPÍTULO 2

MI NIÑERA ERA UN TERRORISTA SUICIDA

A los 6 años de edad, tuve una niñera. De hecho, eran dos, y ambos eran adolescentes.

Mi padre había empezado a dar clases en la Universidad de Jerusalén. En ocasiones, él y mi madre viajaban por Tel Aviv y otras partes de Israel para enseñar. Mientras mis padres estaban fuera, Yasir y Sufian Jabarin cuidaban de mi hermano y de mí. Ellos eran los hijos adolescentes de una familia árabe que tenía una amistad con la mía.

Era algo inusual para una familia judía estar tan cerca de una familia árabe. Sin embargo, al poco tiempo de que mis padres se trasladaran a Jerusalén, hicieron algunos amigos árabes. Ellos sentían que tenían afinidad con los musulmanes espirituales, y pronto se integraron en la comunidad musulmana. Sus amigos musulmanes les invitaban a pasar tiempo en las montañas de Jericó y en la ciudad de Jenine, unos de los sitios más peligrosos de la región. Mis padres solían comprar en los mercados de Belén y Ramala, y viajar a sitios sagrados.

Yasir Jabarin era el mayor de los dos hermanos que cuidaban de nosotros. Era travieso por naturaleza, siempre andaba metiéndose en líos y tramando cosas. De hecho, en una ocasión, tuvo la osadía de robar una cámara a mi tía. Mi padre simplemente habló con el suyo, quien le obligó rápidamente a retornar la cámara. Por otra parte, Sufian, el hermano menor, era el polo opuesto. Era una persona tranquila y sensible, alguien con quien siempre podías contar. Sufian era divertido y generoso, y solía pasar mucho rato con nosotros riendo y mirando dibujos animados árabes, que él traducía para nosotros. Después de conocerles bien a él y a su hermano durante más de dos años, llegamos a sentirnos muy cerca de ellos. Para nosotros eran de la familia.

Después de mudarnos a los Estados Unidos, mi padre quiso viajar de nuevo a Israel para visitar Shiloaj, un manantial de agua fría que se había utilizado desde los tiempos bíblicos para realizar baños espirituales. Pero la Intifada, un alzamiento liderado por los islamistas que se había iniciado en los territorios ocupados, estaba en su momento álgido, lo cual hizo que el viaje a aquel manantial fuera definitivamente peligroso. Una vez más, la familia de los Jabarim mostró su generoso espíritu utilizando sus influencias para ayudarnos a llegar allí sanos y salvos.

Doce años más tarde, estaba sentado al lado de mi padre en un avión. Mi padre estaba totalmente imbuido en la lectura de la revista Time, cuando de repente alzó su mirada hacia mí. "¿Qué hace Rashad en esta revista?", dijo. Rashad era el padre de Yasir y Sufian, y yo no tenía ni idea de por qué aparecía su imagen en la revista *Time*. Miré la fotografía a la cual se refería. Era un plano de su rostro que aparecía entre los rostros de otros terroristas suicidas en la misma página. Conforme mi padre siguió leyendo, se dio cuenta de que la foto no era de Rashad, sino que era un vivo retrato de él en la imagen de su hijo adulto Sufian, el chico generoso, amable y de confianza con quien jugamos y reímos muchos años atrás.

Sufian no sólo se había volado por los aires, sino que lo había hecho en nuestro antiguo barrio. Los informes relataban que la fuerza de la explosión fue tan grande que había incendiado varios vehículos que se encontraban en la zona y había volado las ventanas de los edificios que se hallaban en el bloque siguiente. Uno de los pasajeros del autobús en el que Sufian había detonado su cinturón explosivo fue decapitado, otro fue hallado suspendido en un fragmento de metal que antes formaba parte del techo del autobús, mientras que otros permanecieron en sus asientos, carbonizados por las llamas. Veinticuatro personas murieron.

La incredulidad no empieza ni a describir mi reacción a esta noticia. ¿Cómo pudo alguien tan amable hacer algo tan trágico? Y lo que es más incomprensible, ¿cómo pudo hacerlo en el nombre del islam, una religión cuya esencia es la paz? ¿Cómo, alguien tan considerado y amable se convierte en alguien capaz de quitar la vida a otras personas? ¿Cómo puede algo tan bueno, convertirse en algo tan malo?

LA RELIGIÓN CORRUPTA

El acto de Sufian contra la humanidad fue una consecuencia fatal de la religión; más específicamente, de la religión que deja de ser un don divino para convertirse en un veneno insidioso. Cuando la religión se corrompe, se ocupa con doctrinas que proclaman tener la manera correcta de adorar y conectarse a Dios. El dogma mina nuestra tolerancia por los demás. La culpabilidad toma el lugar de la transformación. El resultado de esto está ejemplificado en cada uno de los actos brutales perpetrados en el nombre de Dios. Dios tiene muchos nombres distintos, pero dogma, intolerancia, odio y asesinato no están entre ellos. Los Nombres de Dios se refieren en realidad a los distintos atributos del Creador, y esos atributos son exclusivamente de amor, aceptación y tolerancia por todo el mundo, por todos los tipos de fe y por todas las formas de vida. Punto.

En 1994, en el día de la festividad judía de Purim, un hombre llamado Baruj Goldstein entró en la Tumba de los Patriarcas de Hebrón, un sitio sagrado tanto para judíos como para musulmanes. Una vez allí, abrió fuego contra una sala llena de gente en oración. Mató a 39 personas e hirió a otras 150. Goldstein fue apaleado hasta morir en la escena del crimen, y nunca fue llevado a juicio, y se cree que la masacre fue su intento de interpretar una porción de la historia de Purim, asesinando proactivamente a aquellos que él creía que acabarían matando a los judíos. Sin embargo, los asesinatos no se detuvieron allí. Durante las semanas siguientes al tiroteo, una serie de disturbios acabaron absurdamente con las vidas de veinticinco palestinos y cinco israelíes.

Y todo esto en el nombre de Dios.

Pero, ¿cómo es posible que matar a otros e infligir terror sea la voluntad o la obra de Dios? La religión, en su forma más pura, fue creada para traernos felicidad más allá de toda comprensión, no muerte y destrucción inimaginables.

UN SISTEMA DE LA VERDAD

La religión fue creada originalmente para ser un sistema con un objetivo único: conectarnos a la Luz del Creador, la fuente de todo lo bueno. No obstante, cuando malinterpretamos su propósito y abusamos de nuestro prójimo, cuando convertimos la religión en algo que nunca fue creada para ser, creamos mucha más oscuridad que Luz. Creamos separación en lugar de unidad, muerte en lugar de continuidad y odio en lugar de amor. La religión ejercida en el nombre del ego, en lugar de en el nombre del Creador, endurece el corazón de las personas. Nuestra compasión por los demás se queda por el camino y pavimenta el sendero hacia un terrible sufrimiento. La forma en la que practicamos nuestra religión puede significar la diferencia entre la vida y la muerte.

Han muerto más personas "en el nombre de Dios" que por causa de enfermedades, crímenes y desastres naturales. Hombres, mujeres e incluso niños se han quitado su propia vida, así como las de otros, para mostrar su compromiso con "Dios", con su "religión" y con su creencia en la divinidad después de la muerte.

ASESINATO POR HONOR

En mayo del 2007, una joven kurda que vivía en Irak fue brutalmente apedreada por los hombres de su propia familia por haberse enamorado de un adolescente de la "religión equivocada". Una gran multitud de gente se reunió para observar mientras la sacaban a la fuerza de su casa a la calle, donde un grupo de ocho o nueve hombres le lanzaron piedras durante media hora hasta acabar con su vida. Los miembros del grupo Yezidi, del cual su familia era miembro, denominaron este acto un "asesinato por honor".

Asesinar a una joven chica por haberse enamorado. Piensa en lo absurdo que es todo esto. Romanos, cristianos, judíos, musulmanes y casi todas las demás formas organizadas de culto, han matado absurdamente, en un intento de castigar, de mantener a sus fieles a raya y de convertir a su prójimo en un ejemplo. Han tomado la religión y la han convertido en un juez cruel y despiadado. Dios ha sido eliminado de la ecuación por completo.

Quizá uno de los embates más disparatados de fanatismo religioso se remonta a las Cruzadas. Los cruzados de la Europa cristiana lucharon principalmente contra los musulmanes, pero nadie resultó inmune a la devastación de aquellas guerras religiosas. El número de víctimas mortales ascendió a millones. ¿Qué pudo llevar a los cruzados a exhibir este nivel de brutalidad? Ellos responderían que fue la voluntad de Dios lo que les impulsó a luchar, lo que les llevó a cometer genocidio y lo que les permitió justificar el arrasamiento de un continente entero.

Pero, no fue Dios. ¿Cómo podría ser Dios? Una fuente de bondad, de amor más allá de nuestra comprensión, no puede ser la fuerza detrás de tal destrucción. La negatividad no puede provenir de la energía positiva. La oscuridad no puede venir de la Luz.

Dios no promueve nuestra locura. El ego sí lo hace. De hecho, algunos historiadores creen que la carnicería masiva de las Cruzadas tuvo poco que ver con Dios y mucho que ver con la obtención del control de las rutas claves de comercio. Otros teorizan que el objetivo de las Cruzadas era conquistar la Tierra Santa de Jerusalén y la tecnología espiritual, que según se rumoreaba, estaba enterrada allí.

A pesar de todo esto, el derramamiento de sangre y la brutalidad de la Cruzadas dejan muy claro que la motivación para obtener el control proveniente del ego, era mucho mayor que cualquier otra motivación espiritual de conexión con el Creador.

Me gustaría mencionar la existencia de un movimiento que existió durante esta época con el objetivo de unir a los cristianos y los israelitas. Nueve caballeros, conocidos como los Caballeros Templarios, fueron encomendados con la tarea de proteger a los peregrinos mientras viajaban hacia la Ciudad Santa. Sin embargo, su misión acabó expandiéndose, junto con su riqueza y su poder. Ellos descubrieron un tesoro que describieron como una "tecnología" que podía unir a los pueblos, pero su misión fue coartada. Se habían convertido en una amenaza financiera, política y religiosa; una amenaza que debía ser destruida.

Mediante lo que muchos historiadores han descrito como una gran injusticia, el papa Clemente y el rey Felipe IV de Francia trabajaron juntos para crear una lista de falsos cargos contra los Templarios. El viernes 13 de octubre de 1307, la Orden de los Caballeros Templarios fue oficialmente forzada a disolverse. Pero la purga no se detuvo allí. Más de quince mil templarios fueron arrestados, torturados y asesinados. De nuevo, la religión —en su forma mutada— había asomado su fea cabeza.

EL DON

El verdadero mensaje y don de la religión se fue perdiendo en la niebla de la política, el ego y la codicia. La religión fue creada para ser un sistema que otorgara poder a las personas, un sistema que permitiera a todo el mundo conectarse a Dios a través del camino que cada uno escogiera. Jesús, Buda y Mahoma, todos ellos fueron caminos con el mismo destino. Puedes llamarlo felicidad. Puedes llamarlo iluminación. Ocurre cuando reconocemos el amor que existe en nuestro interior y así podemos expandirnos para traer paz y amor a los demás. Es un estado de conciencia en el que vemos a los demás como una extensión de nosotros mismos, en el que damos los cuidados, el amor y la consideración que deseamos recibir. Eso es lo que significa tener un despertar espiritual. Le puede pasar a cualquier persona, en cualquier lugar. Uno de mis relatos preferidos de despertar procede de un blog de Internet.

"El día que se cayeron las cortinas"

El miércoles 27 de febrero de 2008, a las 5:30 de la madrugada, mientras estaba trabajando para una compañía de servicios sanitarios en la ciudad de Nueva York, mi compañero (Sampson) y yo estábamos en el vertedero de la calle 59 descargando toda la basura que habíamos recogido aquella noche. Recuerdo que pasé toda la noche rezando y meditando, haciéndole a Dios ciertas preguntas en mi mente, tal como solía hacer mientras trabajaba. Mientras mi compañero vertía la basura de nuestro camión a una barcaza, yo estaba en el otro lado del camión con mis ojos cerrados, medio dormido y medio meditando. Cuando oí que la basura había dejado de caer, abrí los ojos y vi en el suelo un libro envuelto en plástico. *Vaya*, pensé, *justo necesitaba una Biblia nueva, y esto parece serlo. ¡Gracias, Dios!* Pero cuando lo recogí, vi que no había nada escrito en la portada. *Qué extraño*, pensé. De todas formas, lo dejé en el camión y me lo llevé conmigo.

Cuando llegué a casa, tome el libro y vi que en la parte trasera estaba escrita la palabra "*Zóhar*" y que en el lateral había escrito un 11. Después de descubrir cómo tenía que leerse, pues estaba escrito de derecha a izquierda, me familiaricé con algunas de las palabras y los significados del glosario del libro y empecé a leerlo. Una vez que leí la primera página, se encendió una luz (metafóricamente hablando) en mi cabeza, y fui verdaderamente iluminado por mi descubrimiento. Me detuve por unos instantes para pensar sobre la sabiduría con la que se me había bendecido. En aquel momento, empecé a escuchar algo que sonaba como si viniera de mi tejado. De repente, "¡Boom!", las cortinas de mi habitación cayeron al suelo (literalmente hablando).

"Sueño de mariposa"

Al día siguiente fui a Internet para averiguar de dónde venía este libro, y encontré una dirección aquí en Manhattan. Así que me fui para aquel lugar y les conté mi historia a las personas que había allí. Se quedaron sorprendidas por lo que me había sucedido y me indicaron algunos libros que me ayudarían a iniciar mi viaje. El primer libro que leí fue *El poder de la Kabbalah*. Después de leer este libro, todo empezó a cobrar sentido. Este libro respondió las mismas preguntas que había estado preguntando a Dios. La mayoría de las respuestas Él ya me las había dado, pero yo creí que era mi mente la que se inventaba sus propias teorías. Después leí el libro *La prosperidad verdadera*, y todos los libros contenidos en *La Caja de Sabiduría*. Luego decidí poner la Kabbalah en práctica en mi vida. La primera semana fui muy difícil pero conseguí no reaccionar ni una sola vez. Cuando llegó el fin de semana, fui a la iglesia, canté y recé, e incluso le pregunté a uno de nuestros miembros si podía rezar con él para sanar algunas enfermedades que él estaba sufriendo. Todas estas eran cosas que nunca hubiera hecho una semana antes.

La segunda semana fue todavía más dura que la primera. Llegó un punto en el que quería abandonar y dejarme arrastrar por mis pensamientos, que decían: *Esto de la Kabbalah no funciona, volvamos a hacer las cosas como siempre las hemos hecho.* Y a la religión no me ayudaba a liberarme de estos sentimientos. Luego recordé que una de las herramientas de la Kabbalah es dejar de pensar en tus problemas y ayudar a otras personas con los suyos. Así que aquella noche, en el trabajo, intenté ayudar a mi compañero lo máximo posible. Él y yo no nos llevamos muy bien, pero aquella noche lo traté como un rey. Le ayudé con su parte de carga, manejé el camión por él cuando estaba cansado. Sé que debió pensar que me había dado un golpe en la cabeza. Pero desde aquel día, no hemos tenido más problemas entre nosotros. Aquella mañana, después del trabajo, estaba en mi casa durmiendo. Cuando me di la vuelta vi una mariposa frente a mí, tan cerca que parecía que iba a posarse sobre mi nariz. Así que me di la vuelta y volví a dormirme, pensando: *ya me ocuparé de esto más tarde.* Cuando me desperté, mi primera reacción fue buscar la mariposa. Pero luego pensé: *un momento, estamos en el Bronx, es invierno y todas mis ventanas están cerradas, ¿qué pasa, estoy loco? Debo estar soñando.* Pero después de pensar sobre ese sueño durante todo el día, me di cuenta de lo que significaba. Que algo en mí había cambiado, de la misma forma que una oruga, a su debido tiempo, se convierte en una mariposa.

"El viaje"

Me siento entusiasmado por la vida que está por venir. Donde había oscuridad dentro de mí, ahora hay Luz. Donde había ansiedad, ahora hay alegría. Y donde había duda, ahora hay certeza. Y todas las alabanzas son para Dios, "bendito sea su Nombre". Pues él es el dador de todo lo que poseemos. Pero, por encima de todas las cosas que pueden adquirirse, buscaré la sabiduría. La sabiduría es un aliado sin el cual ningún hombre puede vivir. Estaba aquí antes que nosotros y seguirá estando cuando se acabe la vida tal como la conocemos ahora.

Cuando adquirimos sabiduría, somos bendecidos con el ingrediente principal que jugó un papel primordial en la creación de toda nuestra existencia. Y para mí, eso vale la pena ser buscado. Pero no sólo buscaré en lugares altos y elevados. O sólo en iglesias o sinagogas. Pero sí buscaré sabiduría en todos los lugares y en todas las cosas. Aunque signifique rebuscar entre la basura.

Dios bendiga los escritores de los libros *El poder de la Kabbalah, La prosperidad verdadera* y muchos más. Y gracias por sus inagotables esfuerzos para traer Luz al mundo.

La religión en su raíz está diseñada para engendrar este profundo cambio de corazón. Pero una vez que has tocado el amor verdadero

—una vez que has tocado la verdad— dejas de necesitar un sistema como la religión para que te lleve hasta allí. El camino está libre y despejado.

El átomo es una buena metáfora para ayudarnos a entender el objetivo primordial de la religión. Un átomo incluye las fuerzas conflictivas del protón y el electrón, que coexisten pacíficamente dentro del campo atómico. De hecho, la explosión nuclear ocurre cuando al átomo se escinde. Cuando está entero, es inmortal. El mundo ha sufrido una detonación nuclear durante milenios porque las fuerzas espirituales han estado escindidas en distintas religiones. La clave para la inmortalidad humana es la armonía entre todas las fes. Es sólo el ego lo que causa que hagamos la guerra por nuestras diferencias, en lugar de celebrarlas, y por lo tanto nos impide alcanzar la felicidad y la vida eternas.

EL VERDADERO CAMINO

La religión es meramente una herramienta para obtener esta claridad. No es el fin, sino el medio. El Dalai Lama, cabeza de estado y líder espiritual del pueblo tibetano, lo sabe muy bien. También entiende que la religión empieza en el corazón de las personas. Cuando se le pregunta sobre la creación de una religión mundial, él responde: "Ya tenemos suficientes religiones, pero no tenemos suficientes seres humanos. Necesitamos más seres humanos. Las religiones deben aprender las unas de las otras, respetarse mutuamente, pero al mismo tiempo mantener su identidad. No dejes que hablemos demasiado de religión. Hablemos de lo que es humano. El amor es humano. La amabilidad es humana. Todo el mundo necesita amor y amabilidad".

Tal como nos dice el Dalai Lama, necesitamos volver a lo básico. Y eso es exactamente lo que me gustaría hacer ahora: volver a lo esencial. Podríamos llamarlo "religión básica". Al observar el hilo común que une a cada una de las religiones centrales, podemos empezar a arrancar las capas y revelar la Luz que hay debajo.

EL CRISTIANISMO

El cristianismo parte enteramente del concepto del amor. Jesús enseñó que el amor lleva al perdón y finalmente a una vida rica, llena de propósito, y eterna. Los valores esenciales del cristianismo pueden resumirse de la siguiente forma:

Amor. Jesús enfatiza que debemos amar a Dios y a nuestro prójimo. Hay un relato en el Libro de Mateo en la Biblia, que deja este punto muy claro. Los fariseos le pidieron a Jesús que explicara cuál era el mandamiento más importante. Jesús respondió: "Amarás al Señor tu Dios con todo tu corazón, con toda tu alma y con toda tu mente". Jesús también explicó a los fariseos que el segundo mandamiento más importante era: 'Amarás a tu prójimo como a ti mismo'. Estos dos mandamientos son la piedra angular de la tradición cristiana.

Perdón. Perdonar a otra persona es amor llevado a la práctica. Jesús dijo: "Pero a ustedes que me escuchan les digo: amen a sus enemigos, hagan el bien a quienes los odian, bendigan a quienes los maldicen, oren por quienes los maltratan. Si alguien te pega en una mejilla, vuélvele también la otra. Si alguien te quita la camisa, no le impidas que se lleve también la capa. Dale a todo el que te pida, y si alguien se lleva lo que es tuyo, no se lo reclames. Traten a los demás tal y como quieren que ellos los traten a ustedes". Estas palabras del Libro de Lucas sirven para recordar a los seguidores de Jesús que su responsabilidad no es albergar resentimientos, sino mostrar amor y compasión, especialmente a aquellos que les han lastimado.

Creencia en la salvación. La salvación es el entendimiento de que cuando un individuo practica el amor, éste le lleva hacia una vida llena de propósito y conexión con los demás. Al recorrer este camino, una persona puede ser salvada o redimida de las consecuencias de los pecados que ha cometido en el pasado. La felicidad y abundancia están a disposición de todo aquel que las desea.

La sanación y los milagros son posibles mediante la fe. Jesús no se atribuyó el mérito por los milagros que llevó a cabo. En su lugar, demostró que era responsabilidad de cada individuo activar la sanación mediante su propia fe.

Acepta y transforma. Dios ama y acepta incondicionalmente a cada persona tal como es, al mismo tiempo que alienta a las personas a crecer y aprender de sus propios errores. Jesús aconsejaba a sus seguidores que vivieran la vida plenamente, con una perspectiva de "probar para ver". Este enfoque práctico es el que lleva a las personas hacia la transformación espiritual.

EL ISLAM

El islam en su esencia trata sobre el perdón, el cuidado de aquellos menos afortunados que nosotros, y la igualdad entre todas las personas. Mahoma era un profeta que nunca proclamó haber inventado una nueva religión. Él simplemente describió su misión como un intento de unir a los judíos, los cristianos y los árabes. Algunos de los principios clave del Islam son lo siguientes:

Cree en un sólo Dios. La palabra "musulmán" significa en realidad "aquél que se somete". En el marco del Islam, un individuo sólo puede someterse a un Dios.

Perdona a los demás. En el Corán 42:40, se afirma: "Una mala acción será retribuida con una pena igual, pero quien perdone y se reconcilie recibirá su recompensa de Dios". En la tradición islámica, perdonar a otra persona es abrir una puerta para que pueda entrar Dios.

Trata a cada persona por igual. Mahoma veía a todos los miembros de su comunidad como iguales, de forma que el estatus o las posesiones de cada individuo no le hacían más o menos valioso que otro. La igualdad sigue siendo un valioso principio islámico.

Cuida de aquellos que son menos afortunados que tú. Mahoma se pronunció con claridad acerca de cómo se debía tratar a aquellos que son menos afortunados. Él predica en el Corán que la piedad no consiste en "volver su rostro en oración hacia el Oriente o hacia el Occidente". En su lugar, él creía que sólo podía hallarse en los actos de dar. Mahoma incitaba a sus seguidores a dar de su riqueza a los pobres y necesitados, y a no esclavizar a nadie.

El despertar espiritual requiere trabajo. La palabra "Yihad" no significa "guerra". En realidad significa "lucha", "voluntad" o "gran esfuerzo", lo cual representa la lucha del alma por superar los obstáculos que bloquean el camino hacia Dios. Y la guerra, según el Corán, nunca es "santa".

EL BUDISMO

Gautama Buda es considerado como la figura primordial del Budismo. Aunque nació siendo un príncipe, más tarde emprendió su propio camino para experimentar una vida sin lujos ni autocomplacencia. Buda acabó descubriendo la iluminación, y sus enseñanzas se convirtieron en una exploración del sufrimiento, las razones de éste y cómo eliminarlo. Sus enseñanzas incluyen los siguientes principios fundamentales:

La creencia de que el alma tiene un ciclo. Los budistas creen que las personas se reencarnan a lo largo de diferentes vidas, hasta que se vuelven suficientemente conscientes para alcanzar un estado de Nirvana.

Trata a todas las formas de vida por igual. Una planta, un insecto, un animal…una persona nunca sabe qué forma adoptará su cuerpo en su próxima vida, por ello es tan importante tratar a todas las formas de vida por igual.

Trata a los demás como te gustaría que ellos te tratasen a ti.
La reciprocidad es una ley fundamental del universo. Cada acción que una persona lleva a cabo resultará en una reacción.

Desarrolla tu mente. El arte de la concentración y la meditación es fundamental; Buda enseñó que es el camino hacia la libertad.

Permanece puro y calmado. Buda enseñó que la iluminación se alcanza mediante la práctica del discernimiento y el desapego.

EL JUDAÍSMO

Igual que el islam y el cristianismo, el judaísmo está basado en las enseñanzas de Abraham, y enfatiza la creencia en un solo Dios y la importancia de tratar bien a los demás. De hecho, en el siglo I d.C, el Rabino Hillel resumió la Biblia a uno de sus estudiantes de la siguiente manera: "Lo que te resulta odioso, no se lo hagas a tu vecino. El resto es comentario. Ahora ve y estudia". Los principios esenciales del judaísmo instruyen lo siguiente:

Cree en un sólo Dios. Dios es uno, único, incorpóreo y eterno. Él creó la humanidad a su imagen y semejanza, y solicitó la ayuda de los profetas para que compartieran su sabiduría y las instrucciones para la convivencia con los demás. Con este fin, Dios entregó la Torá Escrita y la Torá Oral a Moisés, el más grande de todos los profetas.

Realiza buenas acciones. Las personas son inherentemente buenas, pero pueden perderse en el camino. Dios sabe cuáles son los pensamientos y las acciones de los hombres, y nada es invisible para Él. El judaísmo también enseña que Dios recompensa lo bueno y rechaza lo malvado, dejando bajo nuestra responsabilidad arrancar la maldad que exista entre nosotros. Esta idea aparece en repetidas ocasiones en el Libro del Deuteronomio.

Trabaja proactivamente para mejorarte a ti mismo y para mejorar tu vida. Las acciones de una persona son más importantes que sus creencias. Al seguir proactivamente los mandamientos de Dios, te acercas a Él.

Cree que el Mesías vendrá. El judaísmo enseña que un salvador vendrá a unir a la humanidad y a crear la paz mundial, y nunca debemos perder la fe en esta promesa.

Debes saber que los muertos serán resucitados. En el Libro de Daniel, se declara lo siguiente: "Y los muchos que duermen en el polvo de la tierra se despertarán; algunos para la vida eterna y otros para el oprobio eterno". La creencia de que hay mucho más por venir después de nuestra muerte física en la Tierra, es un tema central en la tradición judía.

EL HINDUISMO

El hinduismo es diferente de otras religiones modernas, pues carece de un único fundador y/o de un sistema religioso central. En su lugar, está formada por miles de grupos religiosos que se han desarrollado en la India desde el año 1500 a. C. Algunos eruditos creen que las historias de Jesús estuvieron en realidad inspiradas por la vida de Krishna, la segunda persona en la Trinidad Hindú. Estos son los principios clave del hinduismo:

Debes saber que toda la realidad está unificada. El universo es uno, y se conoce como Brahman. Esta fuerza está constituida por tres partes: (1) Brahman el Creador; (2) Vishnu, el que preserva las nuevas Creaciones; (3) y Shiva el Destructor.

Tus acciones en esta vida te afectarán en vidas futuras. El hinduismo apoya la idea de que hay un ciclo continuo de nacimiento, vida, muerte y renacimiento, así como un "karma" acumulado de buenas y malas acciones.

Hay cuatro objetivos en la vida. Son los siguientes: (1) *kama*: gratificación sensorial en la forma de placer mental, sexual y otros tipos de placer físico; (2) *artha*: éxito material y social; (3) *dharma*: rectitud espiritual; (4) *moksa*: liberación del sufrimiento, que es el objetivo supremo de la humanidad.

Tolera otras religiones. Hay un conocido refrán hindú que dice: "*Ekam Sataha Vipraha Bahudha Vadanti*", que significa: "La verdad es una, pero diferentes sabios la llaman por diferentes nombres". Las enseñanzas hindúes reconocen los múltiples caminos que llevan a Dios y alientan el respeto entre las religiones.

TODOS SOMOS UNO

¿Cómo pueden los principios basados en el amor articulados por cada una de estas grandes religiones tener el poder de romper a la humanidad en grupos opuestos? Esto se debe a que nos hemos alejado demasiado de la fuente. El problema radica en que cuanto más nos alejamos del Creador, el amor y la tolerancia —es decir, de la fuente de todas las cosas—, mas difícil nos resulta ver el cuadro completo. Cuanto más interpretamos esto y dictamos lo otro, más confuso se vuelve el mensaje original. La religión se vuelve tortuosa y el propósito original se pierde por completo. Lo que empezó como un sistema para unir a las personas y acercarlas al Creador, se ha convertido en una serie de sistemas múltiples que a menudo producen separación entre las personas.

Cuando acudes a tu templo en Jakarta, Indonesia, o a tu iglesia en Little Rock, Arkansas, no resulta fácil ver que ambos están conectados, ¿verdad? Las iglesias, los templos, las mezquitas, las catedrales, todos parecen estructuras independientes, tanto física como espiritualmente. Pero no lo son. En su esencia, son uno y lo mismo. Todos estamos íntimamente conectados y, debido a esta conexión fundamental, tenemos una responsabilidad hacia nuestra comunidad global. El cuerpo humano existe sólo por virtud de una red de diversos órganos, cada uno de los cuales es profundamente distinto al resto en lo que se refiere a apariencia, diseño y función. El cuerpo de la humanidad opera de la misma forma. Los términos israelita, hindú, cristiano, budista y musulmán sólo se refieren a órganos vitales. Nuestra grandeza y nuestro éxito radican en nuestra unidad y nuestra diversidad.

Cuando nos olvidamos de esta responsabilidad crucial, abrimos la puerta al sufrimiento a gran escala. Por ejemplo, la actual guerra civil en Sudán ha desplazado a millones de personas y ha matado a cientos de miles más. Hambre, brutalidad entre hermanos, violencia sexual contra mujeres y niños, destrucción de hogares y pueblos enteros... el sufrimiento que existe en este solo país es inimaginable. Y lo que es todavía más impactante es que la religión juega un papel importante en la cultura Sudanesa. El Sudán está compuesto por musulmanes y cristianos, así como devotos seguidores de otros sistemas religiosos.

¿Cómo pueden coexistir la violencia extrema y la religión? Si un cristiano estuviera verdaderamente conectado a Jesús, sentiría simultáneamente un vínculo irrompible con los judíos, los musulmanes, los budistas y todos aquellos que provienen de la misma fuente. Lo mismo puede aplicarse a un musulmán que se siente en unión con Mahoma y un budista que se esfuerza por ser uno con el universo. Si estuviéramos verdaderamente conectados con Dios, el amor que sentiríamos entre nosotros sería abrumador. No podríamos evitar estar al servicio de los demás. La idea de cometer un asesinato o infligir dolor, ¡sería imposible!

Aun en los detalles más pequeños existen claras similitudes entre los textos religiosos. Los eruditos están de acuerdo en este punto. El profesor y pastor de la juventud cristiana Dr. Hugo Schwyzer explica: "Toda religión está enraizada en el conflicto de querer alentar a las personas a transformarse y al mismo tiempo decirles que se las ama tal y como son. Cada religión cuenta una historia entre las personas y lo divino". En el siglo VII, Gordon Darnell Newby, autor del libro *A History of the Jews of Arabia* (Historia de los judíos de Arabia), dijo del islam y del judaísmo que "operaban en la misma esfera de discurso religioso". El erudito religioso Reza Aslan declara: "Ambos lados compartieron los mismos personajes, historias y anécdotas, ambos discuten las mismas cuestiones fundamentales desde perspectivas similares, y ambos tienen valores morales y éticos casi idénticos". Tomemos como ejemplo la historia del Sacrificio de Isaac, que aparece en el libro del Génesis. En la Biblia Hebrea, Dios le pide a Abraham que sacrifique a su hijo Isaac en el Monte Moria. Sin embargo, en la versión islámica de la historia, los musulmanes creen que la orden que Dios dio a Abraham fue la de sacrificar a su hijo mayor, Ismael, en lugar de Isaac. Pero si nos limitamos a discutir por un nombre, ¿acaso no estamos perdiéndonos lo más importante? ¿Qué importancia tiene a cuál de los dos hijos se iba a sacrificar? Lo importante es que ambas historias revelan una lección similar.

Las dos historias son sólo ligeramente distintas. Según las dos variaciones de la historia, fue la firme decisión de Abraham de obedecer el mandato de Dios la que produjo un resultado positivo. Mientras Abraham acaba de atar a su hijo a un altar, un ángel de Dios le detiene en el último minuto, momento en el que Abraham se percata de que hay un carnero atrapado por sus cuernos en un arbusto cercano. Abraham sacrifica entonces al carnero en lugar de a su hijo. Las historias similares de María y Amina son otro ejemplo. En el Libro de Lucas de la Biblia Cristiana, María oye la voz de un ángel que dice: "Y ahora concebirás en tu vientre y darás a luz a un hijo, y le pondrás por nombre Jesús". Esta historia es notablemente similar a la historia de Amina que se cuenta en el Corán. Cuando Amina quedó encinta, ella también escuchó una voz que le dijo: "En tu seno llevas al Señor de este pueblo, y cuando nazca, di: 'Le pongo bajo la protección del Uno, contra el mal de los que envidian'; luego, ponle de nombre Mahoma".

De hecho, las historias de las tres religiones de Abraham (judaísmo, cristianismo e islam) están en realidad tan cerca que en el Capítulo 3:84 del Corán se afirma: "Creemos en Dios y en lo que se nos ha revelado, en lo que se ha revelado a Abraham, Ismael, Isaac, Jacob y las tribus [de Israel], en lo que Moisés, Jesús y los profetas han recibido de su Señor. No hacemos distinción entre ninguno de ellos y nos sometemos a Él".

Nos sometemos a Dios; ese el camino hacia la felicidad. Los detalles de los nombres, las fechas y los lugares dejan de importar cuando entendemos que son las lecciones lo que verdaderamente importa. Nunca dejo de encontrar valor en los libros que leo de otras religiones. ¿Acaso no puede Jesús tener una lección válida para un árabe? ¿Por qué no puede un judío seguir las enseñanzas de Mahoma? ¿Por qué no puede un cristiano seguir el camino de Buda hacia la paz y la iluminación? ¿Por qué las religiones tienen que ser "poseedoras" de sus lecciones? Las lecciones de nuestros grandes líderes fueron creadas para todo el mundo, no para ocultarse y utilizarse en contra de otros.

Si los cristianos que critican y temen a los musulmanes leyeran el Corán, sabrían que incluye los personajes fundamentales de casi todas las historias bíblicas. Moisés, por ejemplo, una de las figuras más predominantes tanto para los cristianos como los judíos, se menciona más de ciento cuarenta veces. Sin embargo, la mayoría de las personas no lee su propia literatura, ni mucho menos los textos de otras religiones. Sin ni siquiera haber investigado la fuente material, a menudo las personas tocan los tambores de guerra o denuncian a otras religiones; sin embargo, todas estas acciones están basadas en pura ignorancia. Pero hay una forma de eliminar la ignorancia, y consiste en encender una luz brillante sobre la humanidad. Esa Luz es la sabiduría de la Kabbalah.

LA KABBALAH ES SÓLO UNA SABIDURÍA

Hace poco acudí a una conferencia de paz en Madrid que el rey Abdulah de Arabia Saudí, había convocado junto con el rey Juan Carlos de España. Cuando llegué, la administración de la conferencia tuvo dificultades a la hora de decidir bajo qué religión podía "clasificarme". Los judíos no querían que me sentara con ellos. Los cristianos no creían que mi lugar estuviera junto a ellos. Los musulmanes dudaban. Finalmente, acabé en mi propia categoría, aunque en realidad soy un kabbalista. "¿Qué es un kabbalista?", te preguntarás. Es alguien que desea desarrollar una relación con el Creador, y que lo hace de dos formas: restringiendo su ego y desarrollando una capacidad cada vez mayor de compartir con los demás.

La Kabbalah no encaja en ninguna religión existente porque no es una religión. La Kabbalah es sabiduría. Puedes ir a una mezquita, una iglesia o un templo a practicar cualquier religión y seguir siendo un kabbalista. La Kabbalah es una tecnología que ayuda a despertar el alma. No es una doctrina ni un conjunto de reglas. Es una manera de pensar y entender el universo, así como nuestro papel en él. Hace cientos de años, la gente entendía este concepto, pero debido al extremismo que se ha infiltrado en las religiones, la Kabbalah ha sido etiquetada como "judaísmo místico". Pero cuando analizamos los orígenes de la Kabbalah, nos damos cuenta de que esta etiqueta es engañosa.

De hecho, la primera lengua a la que se tradujo el *Zóhar* (la fuente de sabiduría kabbalística) fue del arameo al latín, no al hebreo, y el papa Pío IV fue quien sugirió y respaldó la impresión del *Zóhar*. El poder del *Zóhar* atraviesa muchas fronteras. A principios del año 1991, uno de los estudiantes de mi padre que conocía al Rey Hassan II de Marruecos, organizó una visita para el Rav a los lugares sagrados de Marruecos. Puesto que el Rey de Marruecos era un descendiente del profeta Mahoma, también era el guardián de los sitios sagrados del islam. De forma oportuna, el Rav se hallaba con el Rey la noche en que se inició la primera Guerra del Golfo. Sabiendo que el Rey tenía una conexión con Sadam Hussein, el Rav lo vio como una oportunidad y le pidió al rey Hassan II que llamara a Sadam Hussein por teléfono y le pidiera que renunciara a Kuwait para impedir la guerra.

Aunque el Rey llamó a Sadam Hussein, no pudo localizarle. En su lugar, empezó a explicar por qué no tenía miedo del conflicto inminente. El rey Hassan II le mostró a mi padre una pieza de pergamino que, según le explicó, había pasado por cada uno de los descendientes directos del profeta Mahoma. Cuando el Rey mostró el pergamino sagrado a mi padre, el Rav se sorprendió al ver que contenía los *72 Nombres de Dios*, una de las herramientas descritas en el *Zóhar*. Aunque es un misterio cómo los *72 Nombres de Dios* se convirtieron en un documento sagrado, que fue transmitido de generación en generación, durante siglos de reinado en un país musulmán, no me sorprende en absoluto que personas de diferentes religiones y diversas culturas reconozcan su poder de protección y transformación.

ENTREGAR NUESTRO PODER

Todos tenemos una capacidad inherente de conectar directamente con Dios. Sin embargo, a lo largo del tiempo la gente ha renunciado a esta habilidad y en su lugar le ha otorgado ese poder a un sacerdote, un rabino, un icono o a algún otro intermediario. Al hacerlo, también hemos entregado nuestra responsabilidad individual de cuestionar, crecer y conectarnos con la Luz. Seguramente nos resulte más fácil que otra persona decida las cosas por nosotros y nos diga lo que debemos hacer. Pero cuando renunciamos a nuestro poder, creamos separación entre nosotros mismos y nuestra fuente. Nos desconectamos de nuestro propio crecimiento y transformación, de nuestros propios esfuerzos por alcanzar la felicidad. Entonces nuestros fracasos se convierten en la culpa de otra persona, y en una razón para convertirnos en víctimas. Nuestros pensamientos se endurecen, nuestras opiniones se vuelven más extremas y nos volvemos intolerantes hacia las creencias de los demás. Cuanto más nos desviamos de hacer el trabajo espiritual nosotros mismos, más corrupto se vuelve el camino. Y, con el paso del tiempo, los traductores de la fuente: los rabinos, los sacerdotes y los líderes de los países a quienes hemos entregado nuestro libre albedrío y nuestro poder, alteran la religión para adaptarla a sus necesidades.

La historia está repleta de personajes que han utilizado la religión para conseguir lo que querían. En el año 325 d.C, el emperador romano Constantino el Grande convocó el Concilio de Nicea para lograr un consenso sobre las escrituras cristianas. Sin embargo su motivación no surgió de su amor y pasión por los valores fundamentales del cristianismo. Lo que más bien necesitaba, después de haber conquistado diversas tierras vecinas, era crear una ideología unificada para preservar su control y su poder. Al hacerlo, se tomó la libertad de eliminar los evangelios y los pasajes que pudieran amenazar su dominio. Otro ejemplo fue cuando el Papa, líder de la Iglesia Católica y Romana, le negó al rey Enrique VIII el divorcio de Catalina de Aragón; entonces el Rey se separó de la Iglesia Católica Romana y formó la Iglesia Anglicana.

La gente ávida de poder ha continuado y continuará explotando la religión y a la humanidad. Entonces, ¿por qué elegiríamos poner a otra persona al cargo para guiarnos en nuestro camino hacia Dios? Y lo que es más, ¿qué nos hace creer que otro ser humano puede arreglarnos o absolvernos de *nuestros* actos negativos, *nuestros* errores y *nuestros* defectos de carácter? La película *El Padrino 3* demuestra magistralmente la locura que radica en esta forma de pensar. Después de todos los asesinatos y crímenes de los cuales es responsable, el personaje Michael Corleone se limita a acudir al Papa para obtener su absolución. Con una sola visita al Papa, todos sus actos han sido borrados, ¿verdad? ¡Falso!

Si nosotros no nos corregimos nosotros mismos, ningún otro ser humano puede darnos la absolución. Somos nosotros quienes debemos hacer nuestro propio trabajo sucio; nadie puede hacerlo por nosotros. La única forma de corregir nuestras acciones negativas es transformar el egoísmo inherente que se halla en nuestro interior, esa parte de nosotros que los sabios llaman el *Deseo de recibir sólo para nosotros mismos;* debemos arrancarlo de raíz y transformarlo en algo positivo. Cuando empezamos a pensar en los demás, regresamos a las verdades que yacen bajo todas las religiones: amor, unidad, cuidado y responsabilidad hacia los demás. Debemos sentir el dolor que nuestros actos egoístas han causado, no sólo para que esa acción no vuelva a ocurrir más, sino también para que la motivación egoísta de ese acto sea también transformada. Así es como asumimos el control, no sobre los demás sino sobre nuestras propias cualidades negativas. Esto es lo que significa realmente recuperar nuestro poder. Cuando nos cambiamos a nosotros mismos, el estado del mundo entero también empieza a cambiar.

DESCUBRIR A DIOS POR TI MISMO

Tal como el Rav Áshlag explica en *El Libro de las Introducciones*, la religión es el trabajo que hacemos; es una herramienta que podemos utilizar para conocer a Dios. El Creador se ha ocultado para darnos la oportunidad de encontrarle.

En la Edad Media, el mundo estaba gobernado por reyes, zares y monarcas. La gente no tenía acceso a la tecnología ni a la abundancia de información que tenemos hoy en día. Tenían que aceptar todo lo que se les decía, no sólo porque era la única información disponible, sino también porque cuestionarse las creencias y la religión de sus líderes era punible con la muerte. Las personas disponían de muy poco espacio para buscar su propio camino hacia la felicidad. O eras de una cierta religión o no eras de ninguna, no había un camino intermedio.

El camino que existía no era fácil. De hecho, el sufrimiento se veía como un camino hacia Dios. Cuanto más dolor podía soportar una persona en este plano terrenal, más sería "recompensada" con bienaventuranza después de la muerte.

Sin embargo, no es necesario sufrir para alcanzar a Dios. De hecho, conectarse con Dios es el camino para obtener la plenitud total, que es el propósito de la vida y la Creación; fuimos creados para alcanzar la perfección y la satisfacción total. Conectarnos a Dios nos ayuda a lograrlo, no al revés. El sufrimiento no es necesario para encontrar a Dios; Dios es necesario para descubrir una vida carente de sufrimiento; ¡Dios es necesario para alcanzar la felicidad!

La religión, en el punto en que se encuentra en la actualidad, sugiere algo parecido a lo siguiente: lee un texto determinado, reza varias veces al día, confiesa tus pecados y atiende los servicios en tu iglesia, mezquita o templo de forma regular. Entonces, si tienes suerte, podrás conectarte con Dios. El objetivo final, tal como muchas religiones predican en la actualidad, es encontrar a Dios. Pero el objetivo final no es Dios, sino la plenitud.

Tal como dijimos antes, cuando lo analizamos con detenimiento, las cinco religiones más relevantes del mundo tienen más puntos en común que diferencias. De hecho, si pusiéramos a Buda, Moisés, Jesús y Mahoma en la misma habitación, es probable que se hicieran amigos, rápidamente. Y entonces, ¿por qué las guerras?, ¿por qué el sufrimiento? Porque nos hemos desentendido de hacer nuestro propio trabajo espiritual. Nos hemos quedado parados, mirando, mientras otros individuos codiciosos tomaban el poder que nosotros les dimos y lo utilizaban para explotar y destruir. Esta es la consecuencia de nuestro apacible descuido.

Los israelitas actuaron de la misma forma. Ellos dependían de Moisés para que él les librara de la esclavitud. Moisés los guió en un viaje a través del desierto hasta el Monte Sinaí. Mientras montaban el campamento, Moisés subió a la cima de la montaña, donde recibió dos tablas de pierda inscritas con los Diez Mandamientos. Según los sabios, estas Tablas no estaban destinadas a convertirse en la base de una religión para los judíos, sino que eran simplemente herramientas para lograr una conexión directa con el Creador. Esta conexión resultaría en la plenitud total, la perfección y la inmortalidad para toda la humanidad. Sin embargo, mientras Moisés estaba ausente, los israelitas empezaron a dejarse llevar por el pánico. Preocupados porque Moisés no regresara más, decidieron fundir todas sus joyas de oro y moldearlas en la forma de un Becerro de Oro para crear un nuevo intermediario con Dios y reemplazar así a Moisés.

El Becerro de Oro y la orgía que tuvo lugar suelen llevarse toda la atención en esta historia. Lo que suele pasar inadvertido es el hecho de que los israelitas actuaron desde el miedo. El problema con los israelitas es que no querían asumir la responsabilidad de conectarse con Dios, por sí mismos. El Becerro y la orgía fueron simplemente una forma de entregar su poder, para no tener que asumir la responsabilidad por sí mismos. O de elegir por sí mismos. O de restringir sus deseos egoístas por sí mismos. No estaban dispuestos a hacer lo que debían hacer. Ese fue el verdadero "pecado" del Becerro de Oro. Nosotros cometemos este pecado cada vez que buscamos a alguien que nos muestre el camino o que tome decisiones por nosotros, en lugar de hacer nuestra propia conexión directa y pura con la Luz del Creador.

Conectarse con Dios es responsabilidad de cada persona. Sin embargo, preferimos culpar a otra persona por nuestra miseria, en lugar de ser responsables de nuestra propia felicidad. El problema es que cuando entregamos esa responsabilidad a otra persona, perdemos nuestra visión de la gran comunidad global. Cerramos nuestras mentes, y esto es lo que nos permite justificar las guerras, los asesinatos y los bombardeos suicidas. Porque si realmente pensáramos en ello y lo entendiéramos, ¿podríamos justificar matar en el Nombre de Dios? ¿Podría la destrucción ser el camino hacia nuestra propia plenitud? ¿Puede el odio ayudarme realmente a amarme a mí mismo y lograr mi propio potencial?

La energía a la cual nos conectamos cuando practicamos la religión no es la Luz del Creador. El dios de la religión organizada es tan sólo una imagen frágil, celosa y temerosa que la humanidad ha creado en un intento de envolver los secretos del universo en un agradable y limpio paquete. Pero este paquete no es pulcro ni ordenado. De hecho, el dios de la religión se ha convertido más en el Becerro de Oro que en Dios. El Creador se ha perdido en una mezcla de codicia y ego.

EL VERDADERO OBJETIVO ES LA FELICIDAD

Cuando Dios se pierde, también se pierde la felicidad, que es el único y verdadero objetivo de la humanidad. Eso se debe a que Dios es el camino directo a la felicidad. Necesitamos a Dios para experimentar la plenitud verdadera, y no estoy hablando de gratificación a corto plazo. Me refiero a cumplir la promesa de la inmortalidad realizando el trabajo espiritual requerido. Cuando no hacemos de la plenitud nuestra prioridad absoluta, creamos oscuridad, y nosotros no somos los únicos que quedamos lastimados por nuestra decisión. El mundo entero experimenta oscuridad cuando la felicidad deja de ser nuestro objetivo individual. Vivir una vida feliz, plena y con propósito cada día no es tan sólo un sueño; es nuestra responsabilidad *diaria*.

Y tenemos ayuda en este proceso. No estamos solos en esto. Hay leyes espirituales que existen para guiarnos y enseñarnos: la Ley de Causa y Efecto, compartir con los demás y restringir el ego son los principios que pueden guiarnos hacia la plenitud, si decidimos aplicarlos.

En verdad, nuestra alma siempre está guiándonos hacia las personas con las que debemos salir, los amigos que debemos tener y las situaciones que nos llevarán hacia la perfección y la plenitud en nuestras vidas. Pero nosotros somos los que debemos elegir individualmente. En última instancia, el viaje nos lleva a entender que el único camino hacia la *verdadera* felicidad es sentir el dolor y el placer de los demás y compartir verdaderamente su experiencia. La mayoría de nosotros huye del dolor de los demás, pues creemos que no podemos manejarlo. Tampoco nos alegramos mucho por la felicidad de los demás. Pero estamos equipados para manejar ambas cosas.

1 + 1 MILLÓN = 1

Uno de los mayores malentendidos de este mundo es que si añadimos a alguien más en nuestra vida, la carga se volverá más pesada de lo que podemos soportar. Lo creas o no, cuanto más dolor asumes por los demás, más ligera se vuelve tu carga. Hacerse cargo de los problemas de otros, sentir su dolor y ocuparnos de ellos genera más conexión con el Creador que rezar, hacer ayuno, confesarse y meditar a la vez.

Si nos sentimos agotados cuando ayudamos a otra persona, es una señal de que no hemos compartido de verdad, de que hay algún interés oculto en algún lugar. El verdadero compartir es como compartir la llama de una vela. Al encender otra vela, la llama original no se reduce, sino que se hace más brillante y fuerte.

Cuando compartimos realmente, tanto si ayudamos a una persona o a un millón, nunca perdemos o disminuimos algo de nosotros mismos en el proceso. Es nuestro juicio hacia los demás, nuestros celos hacia ellos y los pensamientos negativos que experimentamos cuando nos acercamos a las personas, lo que realmente nos debilita, no el acto de compartir. Compartir nunca puede debilitarnos. Las cuentas quizá no te cuadren como solían hacerlo, pero aun así funciona. No importa con cuántas personas elegimos compartir nuestra Luz, pues seguiremos brillando mucho más que nunca. Y seguiremos estando completos. En realidad somos más grandes que antes, porque ahora no somos una sola vela, sino que somos la causa de muchas otras luces.

Por lo tanto, compartir Luz da lugar a más Luz. Imagina una vela en una sala oscura. ¿Cuánto poder tiene una sola vela ante toda esa oscuridad? Pero si esa vela enciende cientos de otras velas, no sólo seguirá intacta, sino que ahora habrá cientos de velas para desterrar la oscuridad. La siguiente historia sobre dos amigos demuestra este principio en acción.

El ladrón de manzanas y el tendero

Había una vez un rey que gobernaba su reino con mano dura. Y tenía motivos para hacerlo, pues un gran número de sus súbditos era completamente corrupto. Eran canallas despiadados que sólo se preocupaban de salvarse a sí mismos.

Un día, un hombre llamado Nataniel fue descubierto cuando robaba una manzana. Nataniel no era una mala persona, y robar no formaba parte de su naturaleza. Pero después de haber vivido entre villanos durante tantos años, simplemente en esta ocasión se dejó llevar por sus instintos egoístas. Desafortunadamente, resultó ser un mal momento para cometer un error.

El rey decidió utilizarlo como ejemplo para enviar un mensaje al resto de su pueblo, y por ello le sentenció a muerte. Nataniel aceptó su destino sin quejarse. Después de todo, no tenía a nadie a quien culpar excepto a sí mismo.

Cuando el rey le preguntó a Nataniel si tenía una última petición, él respondió que sí. Le preguntó si podía disponer de tres días para ocuparse de varios asuntos privados. Nataniel quería pagar algunas deudas pendientes, devolver algunos favores personales y despedirse de todos sus amigos y seres queridos. Pensó que tres días serían suficientes para ocuparse de todo.

El rey, impresionado por la calma con la que Nataniel aceptaba su destino y por su sentido de la responsabilidad, quiso concederle su último deseo. Sin embargo, eso planteaba un claro problema. "Si te concedo este indulto temporal", dijo el rey, "no tengo ninguna garantía de que volverás a cumplir tu sentencia".

Nataniel entendió el dilema del rey. "Tengo una idea", respondió Nataniel. "Imagine que le pido a mi mejor amigo que ocupe mi lugar hasta que yo regrese. Si llego tarde, podrá ejecutar a mi amigo en mi lugar". El rey se rió. "Si puedes encontrar a alguien que ocupe voluntariamente tu lugar, te concederé los tres días. Pero si llegas un sólo minuto tarde, tu amigo será colgado de la horca".

Nataniel le pidió a su mejor amigo, un tendero llamado Simón, que ocupara su lugar. Simón y Nataniel eran como hermanos, y Simón le dijo que sería un honor para él ofrecer su vida a cambio de la libertad temporal de Nataniel. Simón fue apresado mientras Nataniel se preparaba para partir a cerrar sus asuntos. "Recuerda", le gritó el rey, "un minuto tarde y ahorcaré a tu mejor amigo".

Pasó un día, y luego dos más, y aunque que se acercaba la hora asignada, Nataniel todavía no había regresado. El rey ordenó que llevaran a Simón al cadalso y que el verdugo empezara a deslizar la soga alrededor del cuello de Simón. El verdugo apretó el nudo y colocó una capucha sobre la cabeza de Simón.

En ese preciso momento, un jinete entró galopando en su exhausto caballo. "¡Deténganse, deténganse! ¡He regresado!" Era Nataniel. "Por favor, le ruego" suplicó Nataniel al Rey. "Quítele la soga. Este es mi destino, no el suyo".

Pero el rey contestó: "Has llegado cinco minutos tarde".

Nataniel estaba tan agotado que casi no tenía aliento para hablar. "Déjeme que le explique, su majestad. Una banda de ladrones me asaltó y me escapé como pude. Por eso he llegado tarde. Soy yo quien debe morir, no mi querido amigo".

Mientras el verdugo le sacaba la capucha a Simón, éste también empezó a gritar. "Eso no es cierto, yo soy quien debe morir hoy. El rey dio su palabra de que si llegabas un solo minuto tarde, yo moriría en tu lugar. Además, no podría soportar vivir sin ti, mi buen amigo. Pero esa no es la cuestión. Llegaste tarde. Así que, según el acuerdo, yo seré quien muera hoy".

Los ojos de Nataniel estaban llenos de lágrimas. "Se lo ruego, su majestad. No le escuche. No deje que mi mejor amigo muera. No podría vivir sin él más de lo que él podría vivir sin mí. Fui yo quien fue sentenciado a muerte originalmente, no Simón. Le ruego que proceda con mi ejecución".

El rey, comprensiblemente, se quedó perplejo. En una tierra plagada de ladrones y villanos, no estaba acostumbrado a tales actos desinteresados de amor incondicional. No obstante, debía tomar una decisión, y la justicia debía imponerse de acuerdo con la ley de aquellas tierras y según fue dictada por el rey.

"He llegado a un veredicto final", dijo el rey. "Ninguno de ustedes morirá, pues veo que no importa quién de ustedes muera hoy, ya que de todas formas estaría matando a dos hombres. La sentencia original sentenciaba a un sólo hombre a morir. Por lo tanto, me veo forzado a dejarles a los dos en libertad". Entonces el rey sabio les preguntó si considerarían aceptarle como su amigo.

El amor entre estos dos hombres era tan desinteresado, que ambos estaban dispuestos a renunciar a su vida por el otro. Y lo que es más, su amor mutuo trasformó el corazón de un rey. ¿Cuántas de nuestras relaciones son tan desinteresadas? A menudo, nos metemos en relaciones buscando algo para nosotros mismos. Buscamos la aprobación, la aceptación y la felicidad en los otros, y al hacerlo creamos relaciones que no son equilibradas. Pero cuando realmente damos a los demás sin esperar nada a cambio, no sólo no nos vaciamos, sino que nos volvemos completos. Y cuanto más damos de forma desinteresada a otros, más plenitud obtenemos y más Luz podemos albergar en nuestro interior.

Hay otra historia sobre un gran sabio que vivió una vida llena de buenas acciones y actos de compartir. Era conocido por su generosidad y su capacidad de vivir sin ego. Cuando murió de repente, fue rodeado por ángeles que inmediatamente le llevaron al Jardín del Edén en reconocimiento a todas las cosas buenas que había hecho en su vida. Sin embargo, al llegar allí, en lugar de deleitarse en su nuevo paraíso, sólo podía sentir el dolor de sus amigos que no se encontraban allí, sino que estaban sufriendo en el Infierno.

Al no ocurrírsele otra idea, les pidió a los ángeles que le llevaran al infierno. Una vez que estuvo allí, les suplicó a los ángeles que liberaran a sus amigos. Los ángeles le negaron su petición y le pidieron que regresara al Jardín del Edén. Sin embargo, el sabio se negó y dijo que no se marcharía de allí hasta que todas y cada una de las almas del Infierno fueran liberadas.

Los ángeles no podían soportar ver a un hombre tan justo sufrir, por lo que le preguntaron a Dios si podían llegar a un acuerdo: todas aquellas personas cuyo sufrimiento pudiera sentir plenamente el sabio, serían liberadas. Una y otra vez, el sabio estuvo en las profundidades del Infierno y experimentó un horrible sufrimiento a medida que entraba en contacto con la pesada carga de cada individuo; mientras tanto, los ángeles intentaban convencerlo de que regresara al Cielo. Sin embargo, él se negaba a abandonar el Infierno hasta que la última de las almas fuera liberada. Cuando finalmente llegó al Cielo, se regocijó, sabiendo que todos sus amigos estaban allí con él.

A esto me refiero cuando hablo de compartir: es el acto de dar de uno mismo, algo que a corto plazo puede resultar doloroso, pero que al final lleva hacia una felicidad y satisfacción inimaginables. Sí, es cierto que cuando la Luz está preparada para venir, podemos sentirnos como una olla a presión: incómodos en el mejor de los casos, agonizantes en el peor. Pero es una incomodidad temporal, esencial para nuestro desarrollo espiritual. Rav Áshlag dice que para pasar al siguiente nivel espiritual necesitas dolor. Cuando la Luz está preparada para entrar, es como una olla a presión que llega y te empuja hacia el próximo nivel. Pero la religión en su versión corrupta le quita importancia a sentir el sufrimiento de otras personas y nos vuelve insensibles a su sufrimiento, así como al nuestro propio. Sus reglas y sus doctrinas nos incitan a creer que somos diferentes y que estamos separados los unos de los otros. Hace posible que nos involucremos en guerras y en destrucción masiva sin sentir ningún remordimiento.

Piensa en ello. ¿Puede sentirse bien tu cuerpo si tu pie está verde con gangrena? ¿Puede tu mente estar clara cuando tienes dolor de estómago? ¿Puede tu cuerpo correr una maratón cuando tu corazón está dañado? Todos formamos parte de una sola humanidad, un solo cuerpo. De la misma forma que una mano se ve diferente que un ojo, un hindú puede tener una apariencia distinta a un católico. Pero todos somos uno y lo mismo. Todos somos partes iguales de un todo más grande.

El *Zóhar* explica en detalle cómo cada idioma del mundo crea un canal único para la Luz. Asimismo, cada nación revela un aspecto necesario y diferente de la Luz del Creador. Cada parte de este mundo existe por una razón, y cada nación brinda un don y un propósito únicos al todo. Cuando intentamos destrozarnos los unos a los otros, estamos destruyendo aspectos de la Luz que el Creador ha puesto en su lugar deliberadamente. Tal como explica Rav Áshlag, cada nación, cada país y cada cultura deben existir porque revela un aspecto vital de la Luz.

Cuando era más joven solía coleccionar tarjetas de béisbol. Cuando hablamos de tarjetas de béisbol, que se hallen "en perfecto estado" lo es todo. Si una tarjeta tiene el menor daño, pierde el 90% de su valor como coleccionable. Lo mismo sucede con este mundo. Si dañamos a sus ciudadanos de alguna manera, reducimos drásticamente el valor de la Luz que el Creador nos dio. El plan maestro del Creador incluye un mundo en perfectas condiciones: intachable, armonioso e intacto.

Todo lo que existe en el universo, bueno o malo, tiene el derecho a existir, y nosotros no tenemos derecho a destruirlo. Pero, sí tenemos la responsabilidad de sanarlo. Sanar significa devolver algo al estado de perfección en que fue concebido por Dios. Es nuestro trabajo sanar aquello que necesita sanación infundiéndole nuestra propia Luz, nuestra propia bondad.

La oración es una forma de iniciar este proceso de sanación, una idea que ahora la ciencia incluso ha empezado a apoyar. David R. Hodge, profesor adjunto de la Universidad del Estado de Arizona, analizó diecisiete estudios relevantes sobre los efectos de la oración. Los resultados de este análisis corroboraron el poder de la oración y su habilidad de afectar positivamente a los pacientes. Mi creencia es que cuando nos tomamos el tiempo para ocuparnos desinteresadamente de los demás, en este ejemplo ofreciendo palabras amables y sanadoras, ejercitamos el poder de cambiar las cosas. La Luz del Creador cabalga sobre nuestras palabras y acciones desinteresadas.

EN RESUMEN

La oración es una de las formas en las que podemos recuperar nuestro poder para sanar. Otro método consiste en cuestionar la estructura de la religión tal y como se practica hoy en día. Al cuestionar el *status quo*, nos acercamos al Creador. Y debemos recorrer el camino por nosotros mismos. Nadie más puede dar los pasos por nosotros, ni Jesús, ni Buda, ni Mahoma. Ellos son canales de la Luz. Necesitamos utilizarlos como guías, pero no podemos pedirles que hagan el trabajo por nosotros. Tampoco podemos depender de un sacerdote, un predicador, un rabino o nuestro mejor amigo. Ellos tienen su propio camino que recorrer.

Es nuestra responsabilidad conectarnos con la fuente, conectarnos con Dios y establecer esta conexión. Nos permitimos realizar esta conexión divina cada vez que superamos nuestras pruebas y desafíos diarios, cada vez que compartimos desinteresadamente y sin esperar nada a cambio. Es nuestro trabajo utilizar la fuente, utilizar a Dios para transformar el egoísmo en felicidad y plenitud. Esta es nuestra dulce cosecha, después de nuestro duro trabajo en el campo.

CAPÍTULO 3

SE NECESITA TODO UN PUEBLO

Nuestro medio ambiente está en apuros. Por supuesto, esto no es una revelación novedosa ni sorprendente. Está muy claro que lo hemos perjudicado a lo largo del tiempo. Y, lo que es todavía peor, es que *continuamos* destruyendo el mundo en el que vivimos. Con tanta evidencia del agotamiento de recursos naturales, los deshechos tóxicos, el calentamiento global y el daño irreparable a nuestra cadena alimenticia, ¿por qué continuamos perpetuando el problema? ¿Por qué continuamos marchando al mismo ritmo alarmante?

Esta no es la primera vez que hablo sobre el tema del medio ambiente. He escrito un libro sobre este asunto. Pero para servir al propósito de este libro, quiero abordarlo desde una perspectiva distinta y no sólo desde un enfoque kabbalístico, aunque también me basaré en éste. Mi objetivo aquí es entender mejor cómo nosotros, la raza humana, llegamos a este punto. ¿Por qué estamos escondiendo nuestras cabezas bajo la arena cuando hay tanto trabajo por hacer? Esto no se trata de una región o país en particular, o de la negligencia de un partido político. El medio ambiente no pertenece a un solo país ni a un solo estado, tampoco pertenece a un director ejecutivo ni a un presidente. Nos pertenece a todos nosotros. Elegir el fortalecimiento o la destrucción del medio ambiente requiere un esfuerzo global humano, y ocurre como resultado de numerosos sucesos que tienen lugar dentro de los confines del cerebro humano.

El cerebro humano adulto —el centro neural del placer y el dolor, la decisión y la indecisión, el comportamiento egocéntrico y altruista— pesa alrededor de unas tres libras, pero su potencial es ilimitado. Se han conducido numerosos estudios con la esperanza de descubrir cómo funciona este increíble mecanismo. Algo que sabemos con certeza es que diferentes partes del cerebro tienen funciones específicas. Cuando analizamos dos áreas del cerebro en particular, podemos aprender mucho acerca de por qué los humanos nos comportamos como lo hacemos; más específicamente, por qué a menudo elegimos lastimarnos a nosotros mismos y a nuestro medio ambiente cuando, en su lugar, podríamos estar sanando nuestros cuerpos y nuestro mundo.

Algunos estudios realizados con monos Rhesus muestran que la región del cerebro conocida como la corteza prefrontal se estimula rápidamente cuando ocurre o cuando *esperamos que ocurra* algo positivo, lo cual produce la liberación de una sustancia generadora de placer llamada dopamina. Sin embargo, el cerebro actúa de forma muy distinta cuando se trata de la toma de decisiones consciente. Cuando elegimos conscientemente un objeto o una tarea en lugar de otros, se estimula una parte del cerebro completamente distinta. Por ejemplo, cuando los investigadores hicieron un seguimiento de la actividad cerebral en personas que estaban haciendo la compra, descubrieron que la zona que mostraba una mayor actividad era la corteza parietal, no la corteza prefrontal.

El problema es que la dopamina trabaja tan rápido que sus efectos pueden sentirse de forma inmediata, pero los procesos de toma de decisiones que tienen lugar en la corteza parietal no conducen a una inyección inmediata de placer. Esto hace que la corteza prefrontal, con su conexión con la dopamina, sea la más influyente de estas dos áreas del cerebro, para bien o para mal…

A menudo es para mal, porque la corteza prefrontal puede hacernos propensos a los arreglos rápidos y el comportamiento adictivo. Considera cuán frecuentemente adoptamos comportamientos destructivos (fumar, beber, comer en exceso, o hacer cualquier cosa en exceso), aun *sabiendo* que son dañinos a largo plazo. La parte del cerebro que busca el placer está dando golpes bajos a la parte del cerebro que tiene la habilidad de sopesar las consecuencias y tomar las decisiones adecuadas.

La peor parte es que todo el tiempo, el esfuerzo y el dinero que gastamos en satisfacer la parte del cerebro que busca el placer no sirven de nada. Nunca habrá suficiente dinero, suficiente café de Starbucks, suficiente comida, suficiente sexo, ni suficientes drogas para que nos sintamos verdaderamente satisfechos. Nuestra única oportunidad de cambiar para mejor es alejarnos lo suficiente del activador de la dopamina para que podamos ver el cuadro completo. Sólo cuando damos un paso atrás —muy, muy atrás— para ver las otras opciones, podemos alejarnos de los arreglos rápidos y la gratificación instantánea.

El momento ha llegado. Nuestra búsqueda incesante del placer a cualquier precio está destruyendo nuestros cuerpos, nuestras relaciones y nuestras carteras, y está causando estragos en el mundo en que vivimos. Somos tan adictos a la gratificación rápida y temporal, que no estamos siendo capaces de sopesar las consecuencias de nuestras acciones sobre nosotros mismos y nuestro medio ambiente.

Cuando miramos toda la publicidad y las campañas de marketing para hacer un mundo "más verde" y las comparamos con lo que en realidad la gente está (o no está) haciendo, la discrepancia es enorme. Pero ahora que sabemos lo influyente que es la corteza prefrontal, la historia se vuelve un poco más clara. No actuamos en beneficio del medio ambiente porque sentirnos bien ahora es mucho más importante, ¿cierto?

Seamos sinceros. Aunque los híbridos fueran los coches más baratos del mercado, no todo el mundo correría a comprarse uno. Los híbridos no proporcionan esa chispa efímera de dopamina que obtenemos de otros coches más atractivos, impactantes o prestigiosos. Para poder cambiar nuestra forma de pensar sobre el medio ambiente, debe ocurrir un cambio más profundo en nuestro interior. Hasta que no demos un paso atrás para ver el cuadro completo de la salud global y nuestro papel dentro de ella, no asumiremos la responsabilidad de cambiar la dirección en la que se dirige el mundo.

Considera lo siguiente.

Yat Sun, con base en Hong Kong, es una de las muchas empresas que vende aletas de tiburón en el área del Pacífico Sur donde la sopa de aleta de tiburón se considera un manjar. De hecho, la demanda de sopa de aleta de tiburón es tan grande, que los conservacionistas afirman que más de la mitad de tiburones del mundo están en peligro de extinción. Sin embargo, y por desgracia, la aleta es la única parte del tiburón que se utiliza. Por ello, lo que hacen es cortar las aletas de tiburones vivos y luego dejarlos morir en el agua. Cuando se abrió Disneylandia en Hong Kong, añadieron sopa de aleta de tiburón a su menú, en contra de las protestas de los activistas. Sin embargo, Disneylandia se negó a retirar el plato. Su justificación fue que ellos sentían que debían mostrar respeto por la cultura china. Finalmente, después de una campaña global de correos electrónicos y correspondencia, Disney eliminó la sopa de su menú. Desde entonces, los ecologistas preocupados por este tema han utilizado la notoriedad obtenida a través de su éxito con Disney para persuadir a hoteles, tiendas y restaurantes de que dejen de vender cualquier producto que contenga aleta de tiburón.

Dejando a un lado esta victoria, la demanda de sopa de aleta de tiburón sigue siendo fuerte. Eric Bohm, presidente del Fondo Mundial para la Naturaleza (WWF) en Hong Kong, dijo acerca del incidente con Disney: "Lamentablemente, es una gota en un océano. El comercio de aleta de tiburón es absolutamente enorme; es inconcebible. Cada año se siguen matando entre treinta y cuarenta millones de tiburones".

Hasta que la demanda del consumidor no disminuya, los proveedores seguirán dispuestos a intervenir. La motivación para cambiar este ciclo tiene que empezar con un cambio en la forma de *pensar* del público. En última instancia, debe percibirse un mayor beneficio asociado con la conservación de los tiburones del que se asocia con el delicioso sabor de un gustoso plato de sopa de aleta de tiburón bien preparada.

Este cambio parece difícil de imaginar en vista del poder de una dosis de dopamina. Pero también hemos visto situaciones en las que masas de personas tomaron una decisión que servía al bien mayor de su comunidad, en lugar de sucumbir ante el encanto del placer a corto plazo o del beneficio económico.

En su libro *Sway* (El impulso irracional), los autores Ori y Rom Brafman comparten una historia sobre una ciudad de Suiza. Cuando los habitantes de esa localidad tuvieron que votar si querían convertirse en una de las dos regiones que albergarían los deshechos tóxicos de un nuevo programa de energía nuclear, el 50,8% de los votantes estuvo de acuerdo. Estaban dispuestos a ponerse a sí mismos en riesgo por el bien común de la gente del país. Sin embargo, cuando el gobierno local intentó aumentar ese número sobornando a algunas personas, el número de partidarios del almacén tóxico disminuyó a la mitad. La mayoría de la población de aquella ciudad tenía la convicción suficiente en su obligación hacia la comunidad, tanta que ni el dinero (un catalizador habitual de la dopamina) pudo influenciar su decisión. De hecho, al introducir el dinero en la ecuación, le quitó valor al proyecto y lo hizo menos motivado y motivante socialmente.

Como sociedad, debemos llegar a un punto en el que todo el placer temporal no compense el daño irreversible que estamos causando. Lamentablemente, las personas necesitan una gran señal de alarma antes de abandonar aquellos comportamientos que promueven la adicción a la dopamina. La mayoría de fumadores lo dejan cuando se enfrentan a una comprobación de la realidad, representada en la forma de un tumor maligno. Aquellos que comen en exceso lo siguen haciendo hasta que sufren un ataque al corazón o son diagnosticados con diabetes. Algunas veces tenemos que tocar fondo para poder levantarnos.

Lo que hace esto todavía más difícil es que los humanos son extremadamente adaptables. A todos aquellos lectores que viven en Los Ángeles, déjenme preguntarles: ¿Cuántas veces han dado un paso atrás y han observado el humo? Las personas que visitan esta ciudad se quedan horrorizadas por lo turbio que está nuestro cielo. Sin embargo, los que vivimos aquí, ¡nos hemos acostumbrado hasta tal punto que ni siquiera lo percibimos!

Para llegar a cambiar algo, tenemos que asociarnos plenamente con los efectos a largo plazo de las acciones que llevamos a cabo, en lugar de hacerlo con los placeres del momento. Tenemos que ser capaces de sentir que las consecuencias de nuestras acciones son más dolorosas que ese breve placer. O, tal como mi madre, Karen Berg, siempre me enseñó, tenemos que llegar a un punto "en el que el dolor por no cambiar se vuelve finalmente mayor que el dolor de cambiar".

La transformación global debe provenir de un cambio profundo en nuestra manera de pensar, y por lo tanto, en nuestra manera de actuar. Todos los programas de incentivos de los gobiernos de todo el mundo no son capaces de crear un cambio duradero. Piensa en ello. La iniciativa de los gobiernos de dar fondos a las empresas energéticas y los fabricantes químicos para fomentar el cambio con la esperanza de que estas compañías traten el medio ambiente con más respeto, no está generando una diferencia en los aspectos más relevantes. Y no llegará a afectar a los valores fundamentales de las personas cuyo sustento depende de esa compañía, especialmente si es un negocio que ha existido durante generaciones. La fabricación de pesticidas, la combustión de carbón para la obtención de energía, la extracción en las minas de las montañas...son más que cosas que hacemos; son también trabajos, vidas e identidades. Por este motivo, acercarnos hacia modos de vida sostenibles es algo que requiere una transformación real, una transformación que debe tener lugar en nuestras raíces. Cualquier enfoque que no sea deductivo no ofrecerá nada excepto ganancias temporales.

El cambio es posible. La clave se encuentra en observar el cuadro completo. Antes de pedir a una compañía que cambie su producto o sus servicios, ésta necesita estar preparada para determinar cómo puede encajar su negocio en una nueva visión global. Lo mismo es aplicable no sólo a compañías, sino también a individuos, comunidades, ciudades, estados e incluso países enteros.

Turquía es un gran ejemplo. Es un país que fue alentado a cambiar por un poder mayor que el de la dopamina. ¿Qué tiene más poder que el placer? Una visión común y la fuerza para respaldar esa visión. Los países líderes del mundo amenazaron a Turquía con el aislamiento económico si no solucionaba la adicción del país al opio durante los años setenta. Fue una ardua tarea que cambió la dinámica de toda una cultura, y de su futuro.

El presidente Richard Nixon ayudó en la transición. Durante una declaración pública, él explicó lo difícil que era para el líder de Turquía, el Primer Ministro Nihat Eram, tomar esta decisión:

> *Durante cientos de años, decenas de miles de familias turcas han sembrado las semillas de amapola como una forma de cultivo industrial legítimo y por su aceite y sus semillas comestibles. Bajo una convención de las Naciones Unidas, Turquía es una de las pocas naciones que ha tenido el permiso para cultivar legalmente amapolas opiáceas para su*

exportación. Sin embargo, Turquía es uno de los pocos países cultivadores de opio en el cual el uso del opio o la heroína como droga adictiva es prácticamente desconocido. Puesto que el granjero de opio tiene poco, sino total desconocimiento acerca de su papel en la difusión de una aterradora epidemia internacional, la prohibición de la producción de opio es una decisión particularmente difícil. Estas circunstancias acentúan la visión y la prudencia de este paso tan importante. Sabemos muy bien la importancia del sector agricultor en la economía de Turquía, y estamos preparados para poner a disposición del gobierno turco nuestros mejores cerebros técnicos, con el fin de respaldar el programa de Turquía, para crear una vida mejor para el granjero turco. Estamos orgullosos de asistir en un programa del que todos nos beneficiaremos.

Imagina cómo afectaría este enfoque a algunos de los problemas a los que el mundo se enfrenta en la actualidad. Muchos de estos desafíos tienen lugar actualmente en Afganistán. Allí es donde los terroristas están siendo entrenados y educados, donde las mujeres son oprimidas, donde los Talibanes han llevado su poder al extremo y donde el opio es la moneda que motiva las decisiones y crea los conflictos. En la actualidad, Afganistán es el líder del opio en todo el mundo. En el 2007, el 90% del opio del mundo provino de este país. Hoy en día, en Afganistán se utiliza más tierra para cultivar opio de la que se dedica en Sudamérica para cultivar cocaína. Pero esto podría cambiar, como en el caso de Turquía, si se ponen en práctica los catalizadores de una visión común y la fuerza para respaldar esta visión.

DESTRUCCIÓN GARANTIZADA

Imagina que no hubiera petróleo en el Oriente Medio. ¿Cuál sería el estado del mundo? Muchos de los retos a los que nos estamos enfrentando simplemente desaparecerían. La codicia es la fuerza motivadora que ha provocado tanta destrucción, guerras y muertes.

No podemos continuar así. Si seguimos caminando por este sendero tan transitado y absurdo, nuestra destrucción estará garantizada. Pero no podemos cambiar si adoptamos nuestro enfoque habitual. Los arreglos rápidos y las soluciones transitorias no nos llevarán a ninguna parte. Esta vez tenemos que hacerlo diferente. Tal como dijo Albert Einstein: "No puedes resolver un problema con la misma conciencia que lo creó".

Es imposible desviar nuestra mirada de la creciente evidencia en nuestra contra de todo lo que hemos hecho. Como ciudadanos del mundo estamos siendo testigos de un aumento de la contaminación del aire, la erosión de la tierra y las tormentas de polvo que causan enfermedades pulmonares y dejan a muchas familias sin su sustento base. Estamos experimentando un aumento en número de los desastres naturales como terremotos, huracanes, ciclones, incendios y deslizamientos de barro. Mientras que algunas partes del mundo están sufriendo largas sequías, otras comunidades en las áreas costeras y ríos no pueden escapar de las inundaciones mortales que se producen durante las estaciones de lluvias.

No podemos escapar de las consecuencias de nuestras acciones (o de nuestra pasividad). No confrontar los problemas puede llevar a las mismas consecuencias costosas que la acción directa y dañina.

Cuando el reactor nuclear de Chernobil explotó en 1986, las noticias que el gobierno soviético retransmitió al mundo fueron muy poco claras. Éste admitió que había ocurrido una catástrofe, pero el resto de los hechos salió a la luz lentamente. Como resultado de la falta de transparencia del gobierno, las personas que habitaban las zonas vecinas más inmediatas fueron expuestas a riesgos de salud innecesarios. Algunas fuentes estiman que el total de muertes relacionadas con el desastre de Chernobil puede alcanzar la cifra de 4.000 personas. Otros dicen que esta cifra se queda corta.

En el caso de Pacific Gas & Electric (famosa gracias a Erin Brokovich), cuando la compañía descubrió que sus instalaciones eran responsables de contaminar los canales de Hinkley, California, con cromo hexavalente (conocido también como "cromo 6"), en lugar de suspender inmediatamente la producción de este subproducto tóxico y encontrar una alternativa segura, los oficiales de PG&E eligieron una solución rápida. Intentaron remediar el problema comprando y destrozando en secreto toda la propiedad que se hallaba cerca de los canales afectados por este agente contaminante. Está claro que cuando están en juego grandes cantidades de dinero y un sistema que parece demasiado difícil de cambiar, muchos negocios y líderes del gobierno eligen ocultar información o desviar su mirada a otro lado en lugar de encontrar soluciones factibles.

Con tan pocos cambios reales teniendo lugar, el panorama puede parecer desalentador. A veces tengo la sensación de que tendremos que destruir toda la infraestructura sobre la cual hemos construido nuestras vidas para poder empezar de nuevo. Una cosa es segura: debemos mirar la semilla, la fuente de cada uno de nuestros pensamientos y acciones. Cuando la semilla es "cuidar de tu vecino como de ti mismo", todo lo que sale de ella será bueno. Pero aunque la idea original *parezca* inofensiva, si hay egoísmo en su esencia, acabará finalmente llevando a la destrucción.

Desde 1900 hasta alrededor de 1935, las grandes ciudades de los Estados Unidos dependían de los tranvías como medio de transporte público. Como no generaban emisiones de dióxido de carbono, estos tranvías eran "ecológicos", mucho antes de que este término se pusiera de moda. Sin embargo, con el paso del tiempo, los propietarios del transporte fueron presionados por grupos como la General Motors para introducir el autobús como el medio de transporte principal. No les costó mucho convencerles, pues los autobuses eran más baratos, requerían menos labores de mantenimiento en relación con los rieles y la infraestructura, y la absoluta novedad del autobús aumentó notablemente las tasas de tránsito. Con beneficios tales como estos, nadie se paró a pensar sobre las consecuencias a largo plazo de las emisiones elevadas de CO_2. De hecho, el gobierno federal creó una gran campaña de publicidad para introducir los autobuses en la comunidad.

Una vez más, el insaciable apetito corporativo por ganar unos dólares de forma rápida (o más bien unos varios millones) descartó un cuidadoso análisis de la situación. Y por supuesto, siempre que hablamos de dinero rápido, arreglos provisionales y placer a corto plazo, estamos hablando de la dopamina. Es lo que impulsa la demanda del consumidor, lo cual a su vez impulsa las nuevas inventivas, la oferta de las empresas y la maquinaria de la codicia.

Pero está claro que la codicia no se limita a los grandes negocios. En todas partes existen personas que actúan motivadas por el interés propio. Durante un largo intento del gobierno de convencer a las tribus nativas americanas para que permitieran que la industria nuclear utilizara sus reservas como vertedero de desechos, el Congreso de los EE.UU. creó en 1987 la Oficina Negociadora de Desechos Nucleares. Esta oficina se fijó su objetivo en otras dos docenas de concilios tribales para ser utilizados como vertederos de desechos. Aunque el gobierno disolvió la oficina en 1994, la industria de la energía nuclear se unió a la tendencia del momento y continuó ofreciendo compensaciones a las tribus a cambio de utilizar sus tierras. Una de estas tribus, los Indios Goshute de Tooele, Utah, mordió el anzuelo. Como resultado, compañías como Evirocare y Magnesium Corporation han estado vertiendo grandes cantidades de gas clorado y desechos radioactivos en esa región, lo cual según muchos ha tenido un impacto negativo sobre la salud de los miembros de la tribu.

En palabras textuales de un anciano de la tribu: "El problema real no es el dinero. El problema es quiénes somos como Nativos Americanos y en qué creemos. Si aceptamos estos desechos, vamos a perder nuestra tradición". Si queremos experimentar un cambio profundo, éste debe iniciarse desde nuestra esencia: nuestras creencias, nuestros pensamientos y nuestras acciones deben ser fraccionados y analizados con detenimiento. Debemos poner nuestras creencias por delante de la gratificación del placer instantáneo. Cuando arrancamos de raíz el componente egoísta, arrancamos también la destrucción. Arrancamos la codicia. Y hacemos que la bola de la transformación empiece a rodar.

EL PODER DE LA COMUNIDAD

Para cambiar como comunidad global, necesitamos entender lo que realmente significa la palabra "comunidad". Antes de la industrialización, cuando todos vivíamos en una sociedad agraria, las personas tenían que trabajar unidas para sobrevivir. Las comunidades se construían alrededor del suministro de las necesidades básicas de las personas que vivían allí. Todo el mundo dependía de los demás para obtener comida, agua, compañerismo y transporte. Esto es lo que significaba formar parte de una comunidad.

También debemos analizar detenidamente el término "medio ambiente". Es un término que ha adquirido una connotación muy específica en los últimos años. Se ha convertido en un objeto merecedor de nuestra protección, algo esencial para crear un mundo más "verde". Sin embargo, el medio ambiente también describe el área que nos rodea a cada uno de nosotros, así como nuestra experiencia más inmediata. De forma sencilla pero profunda, el gran Kabbalista Rav Áshlag explicó que "medio ambiente" significa "entorno". Entorno. Comunidad. Medio ambiente. Todos son uno y lo mismo. Por lo tanto, la forma en que elegimos tratar a nuestro entorno/comunidad/medio ambiente tendrá un impacto sísmico en todo el mundo. Sí, este efecto dominó empieza con nosotros como individuos, pero también repercute en toda la humanidad. Y la humanidad es nuestra comunidad primordial.

En el mundo moderno, la idea de comunidad se ha vuelto complicada. Cierto es que cuando nos conectamos a una red social de contactos en Internet podemos sentir que formamos parte de algo; puede que incluso lo llamemos nuestra "comunidad": Facebook, MySpace, Twitter... Cuando este libro esté impreso, seguramente ya existirá una nueva comunidad en línea de moda, a la que registrarse. El problema reside en que no tenemos ninguna responsabilidad en estos grupos. Simplemente podemos conectarnos cuando queremos y darle al botón de apagado cuando hemos acabado. En algunos casos, en lugar de crear una conexión real, hemos creado desconexiones. ¡El mundo se ha vuelto más pequeño y al mismo tiempo más grande! La mejor parte de esta comunidad en línea es que podemos conectarnos prácticamente *en cualquier sitio*. Tenemos la gran oportunidad de unir el mundo, y sin embargo, seguimos encerrados en nuestras realidades limitadas en las que no tenemos que cambiar ni enfrentarnos a nada. Imagina el potencial que tenemos a nuestro alcance si aprendemos a usar la tecnología para crear conexiones *verdaderas* entre las personas, conexiones en las que nos sintamos responsables los unos de los otros. Conexiones que nos hacen sentir plenos, en lugar de dejarnos con la sensación de querer más, tan sólo un minuto después de haber apagado la computadora.

Hace cien años, hubiera sido difícil de creer el nivel de interconexión que experimentamos hoy en día en el planeta, El teléfono moderno era todavía un concepto relativamente nuevo. La televisión no existía. A Internet todavía le faltaban años para ser ni siquiera una idea. No se podía subir a un avión y volar a otro país; todavía faltaban muchos años para que eso se hiciera realidad. Hace un siglo era difícil de imaginar que todo el mundo en el planeta estuviera navegando en la misma nave. Pocas personas habrían entendido —y mucho menos creído— el concepto del Efecto Mariposa: que el batir de alas de una mariposa en Los Ángeles puede poner en marcha una cadena de eventos en dominó que pueden acabar produciendo un terremoto en Japón. Estamos cada vez más abiertos a entender la forma en que todos estamos conectados, y que si hundimos el barco en el que todos navegamos, nos ahogaremos *todos*. Sin embargo, al mismo tiempo nos hemos enfocado tanto en nuestras propias experiencias de vida que pensamos que estamos solos. En un pasado no muy distante, estamos suficientemente cerca de nuestra comunidad como para *ver*, de forma física, cómo nuestras acciones repercutían sobre el grupo en general. Ahora es demasiado fácil mirar al otro lado, apagar el televisor o la computadora y desapegarnos de los demás.

Pero recuerda que la verdadera comunidad no se trata únicamente de estar geográficamente cerca de alguien. Se trata de sentirnos conectados y responsables de lo que ocurre. Si nos aislamos en nuestros hogares, cubículos y autos, y no adquirimos un sentido de la responsabilidad comunitaria, ¿cómo podremos alguna vez llegar a sentirnos conectados con los demás? A veces pienso que si no viviera puerta con puerta con mi hermano, ¡ni siquiera sabría quien es mi vecino! Los animales saben que no deben hacer pipí y caca en el mismo lugar donde duermen, pero nosotros nos metemos en problemas de esa forma porque hemos creado un mundo en el que lo que no vemos, no existe. Y resulta muy fácil eliminar de nuestra vista esas cosas que no son cómodas. Perdemos de vista nuestra interconexión con todas las cosas de la vida, así como la relación entre la *causa* y el *efecto* en el medio ambiente.

Cada función que se lleva a cabo en una comunidad de trabajo tiene valor porque sirve a los intereses combinados del grupo. Como dice un proverbio africano: "Se necesita todo un pueblo para educar a un niño". Todo el mundo juega un papel esencial. Esto significa que no podemos crear cambio en un vacío. Puedes elegir conducir un Prius, ¿pero qué bien estarías haciendo si vas cortando el paso, mientras lo conduces? Estamos empezando a entender que lo que hacemos — aunque nadie lo vea— puede ser perjudicial para la comunidad, tanto energética como físicamente. La buena noticia es que lo que haces también puede ayudar, especialmente cuando lo haces motivado por la empatía.

Es importante recordar que la influencia y la sabiduría combinadas, de un grupo, son más poderosas que las de un solo individuo. En su libro *La sabiduría de las masas*, el autor James Surowiecki explora numerosos casos en los que los esfuerzos de grupo sobrepasan los de un solo individuo. También explica una historia sobre un grupo de personas a las que se les pidió que adivinaran el peso de un buey. Aunque muchas de las respuestas individuales estaban muy lejos de ser acertadas, ¡la respuesta media del grupo difería en una sola libra de la correcta! Tal como dice Surowiecki: "Bajo las circunstancias adecuadas, los grupos son extraordinariamente inteligentes, y a menudo más inteligentes que la persona más inteligente del grupo".

Durante muchas décadas, Estados Unidos ha sido el líder mundial, pero a medida que el país se ha ido fragmentando, su fuerza y su influencia en el mundo han disminuido. ¿Qué es lo que hace que una máquina que antes era la mejor, ahora empiece a fallar? Muy simple: el poder empieza a disminuir cuando una de las partes de vuelve más importante que el resto. Cuando una persona empieza a colocar sus propias necesidades por encima del bienestar del grupo en general, se empiezan a formar pequeñas grietas en la máquina que antes funcionaba a la perfección. El interés propio va en detrimento de la unidad. Puede sabotear incluso la unión más fuerte y la comunidad más poderosa.

Las acciones que se llevan a cabo por intereses egoístas destruyen la pureza de todo el grupo, de la misma forma que una célula cancerosa afecta al cuerpo. Cuando una célula maligna empieza a alimentarse codiciosamente de otras células que están a su alrededor, sin ninguna consideración hacia su huésped, está destruyendo aquello mismo que le da la vida. La clave es mantener el cuerpo sano para que las células renegadas no puedan afianzarse.

Formar parte de una comunidad trabajadora y unida es el escalón para avanzar hacia un futuro más holístico y verde. Cuando te conviertes en parte de un grupo que trabaja colectivamente para crear una diferencia en el mundo, el cambio surgirá de forma natural.

¿CUÁLES SON TUS INTERESES?

Debido a que el interés propio puede ser un asesino silencioso, es imperativo que evalúes tus motivaciones a lo largo del camino. Si tus motivaciones no están alineadas con el bien de la comunidad, lo que percibimos como buenos esfuerzos pueden resultar a veces muy erróneos. Este es a menudo el caso de los activistas radicales que hieren a otros o destruyen propiedades en un intento de facilitar el cambio. Utilizar el medio ambiente como excusa para favorecer tus intereses personales no hace nada por el bien mayor de la comunidad. En su lugar, tales acciones infunden miedo y odio en un medio ambiente que ya está lastimado.

A veces es difícil saber cuál es la acción correcta, especialmente con la gran promoción que rodea al término "ser verde". Considera el uso reciente de etanol como sustitutivo de la gasolina tradicional. El etanol es un combustible renovable y producido nacionalmente que proviene del maíz y que se ha propuesto como una forma de ayuda a la dependencia de los Estados Unidos del petróleo extranjero. Sin embargo, a medida que se produce más etanol, queda menos maíz disponible para la producción alimentaria. Un estudio realizado por investigadores de la Universidad del Estado de Iowa concluyó que la producción de etanol en Estados Unidos podría consumir más de la mitad del maíz del país, el trigo y granos gruesos en el 2012. Se aumentarán los costes del terreno, la comida y la producción de ganado, lo cual llevará a un aumento global de la escasez de comida. El crecimiento rápido de la producción de etanol ya ha elevado sustancialmente los precios de los alimentos y ha tenido un impacto sobre el precio de las tortillas de maíz en México, lo cual ha incitado protestas.

El consejo de Recursos del Aire de California indica que el etanol es peor que el aceite en lo que se refiere a las emisiones de gas invernadero. Según la agencia reguladora de California, el etanol proveniente del maíz es mucho peor a largo plazo. Washington D.C. declaró lo siguiente: "Si el aumento de la producción de etanol proveniente del maíz en los Estados Unidos aumenta a su vez el precio del maíz y acelera la conversión de la selva tropical…en tierras de cultivo por todo el mundo…la pérdida de los sumideros de carbono asociada con tal deforestación y disrupción debe tenerse en cuenta en las emisiones totales del biocombustible".

A veces, aun cuando pensamos que estamos avanzando hacia soluciones viables, lo que estamos haciendo es añadir más combustible al fuego. Por eso es tan importante ver el cuadro completo y seguir examinando nuestras motivaciones en lo que respecta al medio ambiente. ¿Estamos realmente haciendo elecciones que nos llevarán a la obtención de un beneficio neto para nuestra comunidad global?

SER UN VERDADERO ACTIVISTA/ECOLOGISTA

En sus enseñanzas, Rav Áshlag explica que perdemos el sentido de la comunidad "cuando las necesidades y los deseos del individuo se vuelven más importantes que las necesidades y los deseos del grupo". El hecho de que todos estamos conectados no es algo que vemos a simple vista. Por eso nos olvidamos de que cuando lastimamos a otra persona estamos en realidad lastimándonos a nosotros mismos. Cuando descuidamos nuestras responsabilidades con el resto del mundo, es como cortar una parte de nuestro propio cuerpo. Nos volvemos más débiles, y no podemos funcionar adecuadamente, tal como fuimos creados para hacer.

Tenemos la responsabilidad con nuestro entorno —nuestro medio ambiente y nuestra comunidad— de volvernos conscientes y de dejar de tomar más de lo que damos. Cuando no entendemos que todo está íntimamente relacionado, tomamos decisiones sin ver el cuadro completo. Es fácil asumir que si algo está sucediendo en un país lejano, no forma parte de nosotros porque no podemos ver ni sentir directamente sus efectos. Podemos sentirnos mal por las personas que están experimentando el problema, pero no interiorizamos realmente su dolor como el nuestro propio.

Hay una historia sobre una persona que hacía milagros. Para él, los milagros eran una forma de vida; pasaba sus días rezando por los enfermos y meditando por su recuperación. Un día alguien llamó a su puerta; al abrir, se encontró a un hombre que le dijo: "¿Podría ayudarme? Mi hijo está enfermo en la cama. Tiene que haber una forma en que usted pueda ayudar. Por favor, venga conmigo".

El sabio accedió a ver qué podía hacer. Siguió a aquel hombre hasta su casa y entró en la habitación de aquel niño tan enfermo. Después de varias horas, estaba empapado en sudor debido a la intensidad de las oraciones y meditaciones que había realizado por el niño. Finalmente, le dijo al padre: "Lo siento, lo he intentado todo. No hay nada que yo pueda hacer para salvar a su hijo".

El padre estaba completamente destrozado. Inmerso en su dolor, se subió a su caballo y empezó a cabalgar a ciegas a toda velocidad. De repente, oyó un caballo que galopaba detrás de él. Era el sabio. Entusiasmado, le preguntó: "¿Ha recibido una respuesta a sus oraciones? ¿Se producirá un milagro para mi hijo?".

Inclinando su cabeza, el sabio respondió: "No, lo siento. Nada ha cambiado".

El hombre le gritó con rabia: "¿Entonces por qué me ha seguido hasta aquí?"

El sabio respondió: "Si no puedo ayudarle, lo mínimo que puedo hacer es llorar con usted".

Los dos hombres se bajaron de sus caballos y se sentaron a un lado del camino, derramando lágrimas de pena y dolor por la pérdida del hijo.

A veces, cuando no sabes qué hacer o qué decir, algo tan simple como sentarte y estar presente con alguien puede crear una gran diferencia. También podemos hacer una simple llamada a una persona que necesita que alguien le escuche; o podemos llorar con alguien por la pérdida de un hogar o de una persona amada. Nuestro trabajo no siempre consiste en hacer que la pena desaparezca. A veces se trata de estar con otra persona mientras ésta siente lo que necesita sentir. Esto es una comunidad.

Según cuenta este relato, cuando los hombres finalmente regresaron a la casa del padre, se encontraron que el niño se había recuperado asombrosamente. ¡No había ni rastro de la enfermedad en su cuerpo!

Es maravilloso que el niño se curara, pero el auténtico mensaje de esta historia reside en el hecho de que el sabio no dejó de intentar ayudarles, aun cuando parecía que no había esperanza. Siempre hay algo que podemos hacer, aunque sea llorar con aquellos que sufren y ayudarles a soportar su dolor.

Si entendiéramos cómo funciona verdaderamente el mundo, sabríamos que si algo reclama nuestra atención —si podemos verlo a través de nuestro visor— entonces es nuestra responsabilidad hacer algo. Debemos siempre hacer lo que podamos por intentar mejorar la situación. Debemos revertir la tendencia que existe en la comunidad mundial de desasociarnos cada vez más de nuestras responsabilidades hacia los demás.

Una niña de 13 años de Auckland, Nueva Zelanda, pidió ayuda momentos antes de ser atacada por un hombre que la había estado amenazando. La joven se acercó a una mujer que estaba llenando el tanque de gasolina de su coche en una gasolinera y le suplicó que la ayudara, pero la respuesta de la mujer fue decirle que se alejara de aquel hombre, tras lo cual arrancó el coche dejando allí a la niña, quien finalmente fue atacada y violada. ¿Puedes imaginarte algo así? En otra impactante muestra de evasión de responsabilidad, un video de vigilancia grabó la imagen de un auto que atropellaba a un hombre de 78 años que intentaba cruzar la calle, dejándolo allí herido y sangrando en mitad de la calle. Es increíble, pero el conductor siguió su camino. Y lo que es todavía más perturbador es que los demás coches que había en la calle y los peatones que pasaban por allí no hicieron nada para ayudar a aquel hombre magullado. La cinta de video reveló cómo nueve coches pasaron por allí sin detenerse, mientras el hombre estaba tendido en el suelo. Pasaron más de cuarenta escalofriantes segundos antes de que alguien se desviara de su camino para ver lo que había sucedido. Aún así, nadie fue a ayudar a aquel hombre ni a desviar el tráfico.

Finalmente, después de un minuto y medio aproximadamente, un coche de la policía que respondía a otra llamada llegó a la escena del accidente con fuga y llamó a una ambulancia. ¿Cómo hemos podido llegar, como sociedad, a este punto de disociación? Rav Áshlag nos dice que el mundo fue creado para crear la ilusión de la desconexión. Esto nos concede la capacidad —el libre albedrío— de elegir el egoísmo o su opuesto. Nos brinda la oportunidad de ignorar el dolor y lo bueno en los demás sin ver que la negatividad real está dentro de nosotros mismos. Si supiéramos que al herir a los demás —o al no ayudarles— nos estamos lastimando a nosotros mismos, nos daríamos cuenta de que nuestro esfuerzo por ayudar a los demás en realidad nos beneficia a nosotros mismos. Este mundo fue creado para brindarnos la ilusión de la separación para que de esta forma pudiéramos elegir la unidad de nuestro propio libre albedrío.

Considera esta historia real que tuvo lugar en California. Cuando la "buena samaritana" Lisa Torti se detuvo para ayudar a salir a Alexandra van Horn de un vehículo destrozado que ella pensó que iba a explotar, sus esfuerzos pudieron haber contribuido a provocar la parálisis de van Horn. Así que van Horn denunció a Torti, la rescatadora. Ten en cuenta que California tiene una Ley del Buen Samaritano, una ley que se creó originalmente para proteger a personas como Torti que hacen un esfuerzo extraordinario para ayudar a otra persona en una situación de peligro de vida. Pero cuando la Corte Suprema de California sentenció (por cuatro votos a favor frente a tres en contra) que Torti era culpable, esta ley fue revocada. Este caso fue debatido acaloradamente, pero la Corte tuvo la palabra final.

Como resultado de esta nueva ley, los habitantes de California tendrán que añadir una nueva capa de preocupación a la ya compleja cuestión de si deben o no salirse de sus burbujas individuales de vida para ayudar a otra persona que lo necesita. El hecho de que nuestro sistema judicial pueda culpar a otra persona por intentar ayudar a otra dice mucho sobre el estado de nuestra sociedad. Nos hemos permitido llegar a este punto de forma colectiva. En lugar de dejar que la comunidad surja de forma natural mediante el aumento gradual de nuestra compasión, nuestra conciencia y nuestra preocupación por los demás, estamos continuamente intentando legislarla. Al hacerlo, colaboramos a paralizar nuestras respuestas humanas, a evitar nuestras responsabilidades hacia los demás y a negarnos nuestro verdadero potencial de crecimiento como seres humanos que viven en una comunidad global.

Reconozcámoslo, amigos, en realidad no queremos afrontarlo. Nos automedicamos para desensibilizarnos, perseguimos distracciones temporales, entre ellas la tecnología, la pornografía, las drogas o los intereses propios de superioridad moral. O bien queremos evitar el problema por completo traspasando la culpa a alguna otra persona o cosa, o negando la existencia misma del problema.

Pero hay otra manera de hacerlo: podemos aceptar los problemas que hemos creado, aprender de ellos y luego trabajar juntos para descubrir soluciones viables. Esta es la única forma de crecer como individuos y como sociedad. Si no aceptamos la responsabilidad o culpamos a un grupo en particular, seguiremos cavando un agujero todavía más grande, y los problemas medioambientales se convertirán en desastres medioambientales que no podremos revertir. Tenemos que afrontar los problemas que hemos creado nosotros mismos, aunque nuestras propias manos no sean las que vertieron las sustancias químicas en los canales o aunque nuestras sierras mecánicas no sean las que cortaron los árboles de la selva. No podemos seguir denunciándonos los unos a los otros para hacer que el problema desaparezca; no podemos continuar enterrándolo bajo tierra y esperar que las toxinas se filtren en nuestra comunidad. No importa si es nuestra basura física o nuestra basura emocional lo que estamos vertiendo. No podemos esconderla más del resto del mundo. Debemos enfrentarnos a ella como si fuera una extensión de nuestro cuerpo —que lo es— o todo el mundo sufrirá.

Para convertirnos en verdaderos activistas —para ser catalizadores del cambio— es imprescindible que antes cambiemos nosotros mismos. Entender esto abre una conciencia en nuestro interior, y una vez tenemos esta conciencia, el universo deja claro lo que debemos transformar dentro de nosotros. El mundo es, en realidad, un espejo. Si miramos al mundo de esta manera —como un espejo de nosotros mismos—, podemos dirigir nuestros esfuerzos y nuestro *activismo* hacia dentro y limpiarnos espiritualmente. Entonces, el cambio en el mundo físico se manifestará automáticamente. Estos elementos son la única forma de transformar nuestro comportamiento egoísta. Cuando piensas que estás siendo un "activista", cuando estás atrapado en tus propios intereses personales, estás creando un problema que es todavía más difícil de solucionar que el problema contra el cual estás luchando.

Debido a que todos estamos conectados, nada externo a nosotros cambiará hasta que nosotros mismos cambiemos. Tendemos a querer "cambiar el mundo" para poder mejorar nuestras vidas. En su lugar, necesitamos cambiar *nosotros mismos* para poder crear un mundo *mejor*. Es una paradoja. Cuanto más quieres cambiar el mundo, más tienes que cambiarte a ti mismo.

Considera esta historia sobre Mahatma Gandhi. Una mujer lleva a su hijo a ver a Gandhi, quejándose de que el niño come mucho azúcar. Ella quiere que Gandhi le diga que deje de hacerlo. Gandhi le pide a la mujer que traiga al niño al mes siguiente. La mujer viene de demasiado lejos como para poder regresar a su hogar, por lo que decide quedarse un mes por allí a costa de muchos gastos y esfuerzos. Al mes siguiente, lleva a su hijo nuevamente ante Gandhi, quien esta vez le dice al niño: "Deja de comer azúcar, chico". Y así lo hizo el niño. La mujer se quedó complacida, a la vez que perpleja. Días más tarde, mientras se prepara para emprender el viaje de vuelta a casa, la mujer visita a Gandhi para hacerle una pregunta. "Mi hijo ha hecho lo que usted le pidió, ¿Pero por qué no le dijo esas palabras la primera vez que vinimos a verle?"

"Señora", dijo Gandhi, "hace un mes yo todavía comía azúcar".

Mahatma Gandhi sabía que no podemos abogar por algo que nosotros mismos no hacemos. O, en las célebres palabras del propio Gandhi: "Debes ser el cambio que quieras ver en el mundo".

EL JUEGO DE LA CULPA

Cuando activamos el cambio desde dentro hacia fuera, estamos diciendo implícitamente no a jugar el juego de la culpa. Decimos no al interpretar el papel de víctima, pues asumimos la responsabilidad, tanto hacia nosotros mismos como hacia el mundo que nos rodea. A veces todos hemos fingido que las cosas malas que suceden en el mundo no nos afectan directamente, pero esta negación es tan dañina como los problemas en sí mismos. Algunos de nosotros nos involucramos claramente en el problema, pero en vez de apoyarnos a nosotros mismos y a la comunidad, a veces asumimos el papel de víctima impotente. Pero ni la negación ni la ignorancia son una excusa válida, nunca lo son. Todos estamos involucrados. Todas nuestras elecciones importan. Cada uno de nosotros juega un rol importante en cada consecuencia.

Al fin y al cabo, tal como explica Rav Áshlag, los problemas que hay en nuestro mundo existen por dos razones: una es la persona que crea el problema y la otra la persona que permite que eso suceda. Siempre culpamos al perpetrador, pero raramente o nunca echamos un vistazo a la víctima. Las personas que están más cerca de un problema (y que al final son las afectadas directamente por éste) tienen habitualmente la oportunidad de cambiar el rumbo o la dirección en el nivel de semilla. Sin embargo, si la oportunidad no se aprovecha antes de que empiecen los daños, aquellos que tenían el poder y la posición de cambiar las cosas acaban siendo los causantes de su propio sufrimiento.

En febrero de 1946, Commodore Ben H. Wyatt, el gobernador militar de las Islas Marshalls en aquel entonces, viajó a la Isla Bikini. Un domingo después de asistir a la iglesia, reunió a los nativos de la isla para preguntarles si estarían dispuestos a abandonar temporalmente su isla para que los Estados Unidos pudiera hacer pruebas con bombas atómicas por "el bien de la humanidad y para acabar con todas las guerras mundiales". Puedes ver el video de propaganda en el siguiente enlace (en inglés): http://www.youtube.com/watch?v=Yc_T3nSlg7M. Después de una estresante deliberación entre la gente de su pueblo, el Rey Juda, entonces líder de los habitantes de la isla, se levantó y anunció: "Nos marcharemos, creyendo que todo está en las manos de Dios".

Mientras los bikinianos se preparaban para abandonar su isla, la Marina de los Estados Unidos reunió a una gran flota y una cantidad masiva de equipamiento, incluidos unos 242 barcos navales, 156 aviones, 25.000 aparatos de registro de radiación y 5.400 ratas y ganado experimentales. Más de 42.000 trabajadores americanos militares y civiles estuvieron involucrados en el programa de pruebas de la Isla Bikini, el cual detonó dos bombas nucleares en la isla. Un ex soldado de la marina que se hallaba entre los reclutados y que más adelante contrajo cáncer, dijo lo siguiente sobre estos sucesos fatídicos: "No hay duda en mi mente de que, de todas las cosas que ocurrieron en la *Operación Encrucijada* (Operation Crossroads), fue una muerte lenta desde aquel momento hasta el día de hoy. No sólo para mí, sino para los miles de hombres que posiblemente estén en peores condiciones que yo. Muchos miles de hombres de los que estuvieron allí ahora están muertos, y nunca llegaron a saber lo que causó su muerte".

A pesar del gran riesgo que suponía esa prueba para las personas, los animales, la tierra y el agua, miles de personas, conscientes de ello, se quedaron paradas y dejaron que sucediera. Igual que los perpetradores, aquellos que se quedan parados y se permiten a sí mismos ser las víctimas de injusticias son igualmente responsables del resultado. Esto es algo difícil de escuchar, que los hombres y las mujeres que sufren juegan un papel en su experiencia. Es muy fácil encontrar culpables a aquellos que causan el dolor, sin embargo es casi criminal sugerir que aquellos que lo han aceptado son parte del problema. Sin embargo, como adultos, tenemos opciones. Si somos los perpetradores, siempre tenemos la opción de si llevamos o no a cabo la acción que causa el dolor; si somos la víctima, tenemos la opción de aceptarla. A menudo esta opción viene con un aparente sacrificio que puede que no queramos hacer, por lo que no resulta fácil asumir la responsabilidad de quién eres cuando te enfrentas a lo que te está sucediendo.

EL MAESTRO

La *única* manera de hacer de forma efectiva el verdadero trabajo de mejorar el medio ambiente es con un maestro. No podemos hacerlo solos, sin alguien que nos rete y nos aliente a hacer las correcciones que necesitamos hacer en esta vida. El verdadero valor de un maestro es ayudarnos a eliminar nuestros deseos egoístas para que podamos ver que todos somos dedos de las manos y de los pies del mismo cuerpo humano y medioambiental. Todos estamos conectados.

Vinimos aquí para hacer un trabajo muy específico: mirar más allá de nuestros propios deseos egoístas y compartir de nosotros con los demás. Nuestro objetivo es llegar a un lugar en el que actuemos en verdadero servicio a los demás, sean cuales sean nuestras circunstancias.

Un verdadero maestro no es alguien que da consejos y charlas. Encontrar un maestro no trata sobre la búsqueda de sabiduría, pues la sabiduría la podemos encontrar en cualquier lugar. Un maestro es alguien que nos mantiene motivados a cambiar, alguien que mantiene nuestro deseo ardiendo para ayudar al mundo. Rav Áshlag explica: "El propósito del estudio, el propósito de nuestro trabajo espiritual es llegar a un punto en el que tengamos un sentido físico, una experiencia física de la Luz del Creador".

Cuando Rav Áshlag conoció a su maestro por primera vez, pasó por muchas fases antes de conectarse con la Luz y comprender verdaderamente la relación entre ambos. Su primer obstáculo fue que su maestro parecía tener un ego enorme. Rav Áshlag podría haberse alejado de él la primera vez que lo detectó. Sin embargo, eligió no juzgar a su maestro, sino escuchar lo que tenía que decirle y creer que había algo más profundo por revelarse. Deseoso de profundizar en la sabiduría, Rav Áshlag continuó visitando y trabajando con su maestro. Entonces se empezó a dar cuenta de que el objetivo de todo el trabajo que hacemos en esta vida es purificarnos a nosotros mismos, lo cual sólo puede ocurrir si tenemos una gran conciencia de lo que implica el *deseo de recibir para sí mismo* inherente a nosotros. De hecho, el maestro de Rav Áshlag le dijo: "Si estás destapando cada vez más este gran ego que tienes, quiere decir que estás creciendo. Si no lo haces, olvídate de todo lo demás".

Aunque su maestro parecía a veces estar muy cerca de revelar un gran secreto, Rav Áshlag siempre terminaba con una sensación de anhelo al finalizar sus lecciones. Su maestro siempre le dejaba deseando más. Pero a través de este proceso, Rav Áshlag aprendió que la autosatisfacción y la autocomplacencia alimentan al ego. Cuando su maestro falleció, Rav Áshlag todavía se sentía insatisfecho. Él dijo: "No puedo expresar con palabras el dolor tan tremendo que siento. Tenía la esperanza de que mi maestro iba a revelarme y a elevarme hasta el nivel de una de las grandes almas que nunca ha vivido; y me quedé sin nada. No sólo perdí toda la esperanza de obtener algún día más sabiduría, sino también todo lo que me había enseñado sobre el dolor y la pérdida; lo perdí todo".

Sin embargo, Rav Áshlag no se rindió. Aun cuando estaba en su punto más bajo, se dio cuenta de que tenía que continuar sus estudios. "Desde aquel momento, miré al cielo y me levanté con una gran cantidad de anhelo". Finalmente Rav Áshlag se dio cuenta de que su maestro le había ayudado a convertirse en un canal para la Luz. Cuando fue consciente de esto, también entendió que este don estaba vinculado directamente con el Creador. Él dijo: "¿Cómo puedo agradecérselo al Creador? El Creador siempre supo lo poco que tenía, que no tenía conocimientos, que no tenía suficiente Luz ni sabiduría para dar las gracias por los dones maravillosos, y que ciertamente no me los he ganado, no los merezco. Pero, por supuesto, el Creador elige a quien Él elige para ser Su revelador de Luz".

Debido a la decisión de Rav Áshlag de seguir volviendo a su maestro y escuchar lo que él tenía para enseñarle, le fue entregado un don divino del Creador. Así es como nuestros maestros nos ayudan a crecer. Ellos despiertan en nuestro interior un deseo de ser más, de saber más, de empujar más fuerte de lo que lo haríamos por nuestra cuenta. Una de las razones por las que los atletas que estudian en la secundaria puedan romper ahora récords olímpicos que se establecieron en la década de 1920 es el poder de sus maestros. Ahora los entrenadores analizan los movimientos físicos hasta el último detalle. Los entrenadores de golf pueden sugerir qué mínima alteración debe aplicarse a un swing, los nadadores pueden volver a ver todas las grabaciones con una visión detallada de cada brazada; el entrenamiento se ha vuelto increíblemente sistemático. Un buen jugador dice: "Fallé". Un gran jugador dice: "Si hubiera hecho esta pequeña cosa de forma distinta, lo hubiera conseguido" ¿Y qué hace posible para nosotros encontrar y entender esa pequeña cosa que crea toda la diferencia? Un maestro. Nadie está más allá de necesitar un maestro, aunque a veces nos olvidamos. Lamentablemente, en lugar de encontrar a alguien digno de ser nuestro guía, adjudicamos ese papel a celebridades, falsos gurús y gente con sus propios intereses personales.

Un maestro que valga la pena puede determinar por qué haces ciertas elecciones y haces ciertas acciones. Él puede señalarte aquellas sutilezas en tu naturaleza que tú no puedes ver, y un buen maestro hará lo que esté en sus manos para conseguirlo. Rav Brandwein, quien fue el maestro de mi padre, lo pasó muy mal cuando enseñaba a mi padre porque la familia del Rav Brandwein se oponía a ello. Aun cuando Rav Brandwein se encontraba en su lecho de muerte, su familia no permitió que mi padre se acercara a él. Tras la muerte de Rav Brandwein, mi padre sintió una gran pena, pero entonces Rav Brandwein empezó a aparecérsele en visiones y sueños. Mi padre le hacía preguntas y él le contestaba.

Un noche, antes de irse a dormir, mi padre le preguntó a su maestro si era correcto que le enseñara la Kabbalah a la mujer que más tarde se convertiría en mi madre, Karen. Hoy en día la idea de enseñarle a alguien Kabbalah parece poca cosa, pero en aquel tiempo, esto era algo que se alejaba histórica y monumentalmente de la tradición de la Kabbalah, en la cual estas enseñanzas son territorio exclusivo de los hombres. Mi padre no recibió ninguna respuesta, y por ello dedujo que la respuesta era no.

Sin embargo, aquel mismo día, cuando mi madre se encontró con mi padre, le contó que la noche anterior había tenido un sueño muy extraño. "Un hombre al que no conocía vino a mí en mi sueño, y cuando le miré, él puso sus manos sobre mi cabeza. Entonces me dijo algo que sonaba como hebreo, pero no le entendí". Cuando mi padre le pidió a mi madre que describiera a aquel hombre, ella describió al Rav Brandwein con gran detalle, incluidas sus vestimentas. "Él llevaba puesto un abrigo largo y sujetaba un bastón. También llevaba un gran sombrero de piel sobre su cabeza", dijo Karen, describiendo inequívocamente y con exactitud al Rav Brandwein.

Aunque el Rav Brandwein no podía pasar tanto tiempo en forma física con mi padre, tal como él quería, eso no impedía que siguiera siendo su maestro. En absoluto. Él murió literalmente para crear una diferencia real para mi padre, y eso es lo que le convierte en un verdadero maestro. Él estaba dispuesto a sacrificarlo todo por su alumno. Debe tenerse en cuenta que tener un maestro en espíritu es un suceso inusual. ¡Se puede decir que es un sabio y un maestro especial quien experimenta una enseñanza tan poco tradicional!

Al fin y al cabo, para poder crecer y alcanzar nuestro objetivo y asumir la responsabilidad de nuestras vidas, nuestra comunidad y nuestro mundo, necesitamos un maestro en el mundo físico que pueda empujarnos y desafiarnos hasta que finalmente... nosotros mismos nos convirtamos en maestros. Este es el último paso en el camino para convertirse en uno con el Creador. Tal como explicaba el Kabbalista del siglo XI Salomón Gabirol: "Cuando buscas sabiduría, la primera fase es el silencio, la segunda fase es la escucha, la tercera fase es el recuerdo, la cuarta es la práctica y la quinta la enseñanza". Sin embargo, tú no puedes *decidir* que ya estás preparado. Sólo tu maestro puede decirte cuándo ha llegado el momento.

Después de que el Rav Brandwein estudiara la Kabbalah durante unos años, le preguntó a su maestro si estaba preparado para enseñar. Su maestro le informó que todavía no estaba preparado. Después del colapso del mercado financiero del 1929, el Rav Brandwein perdió su trabajo como albañil, aunque finalmente consiguió otro como recogedor de basura. Entonces fue a su maestro, a quien le explicó que había encontrado este nuevo trabajo y le preguntó si debía aceptarlo. Su maestro, el Rav Áshlag, le respondió: "Ahora estás preparado para enseñar".

Rav Shlomo envió una vez a uno de sus estudiantes a ver a un gran maestro que era muy mayor. Él sintió que ese maestro anciano y sabio tenía algo que compartir con él, pero no sabía lo que era. Por tanto, Rav Shlomo ordenó a su estudiante que fuera a verle sin darle ninguna explicación por su visita.

Después de su llegada, el gran maestro le preguntó inmediatamente: "¿Quién te ha enviado?" El estudiante sintió que no podía mentirle, por lo que le contestó con sinceridad: "Rav Shlomo".

"Regresa y dile que recuerdo que estuvimos juntos con el Vidente de Lublin (un gran sabio que los maestros tenían en gran estima). Sorprendido, el estudiante respondió: "Eso es imposible. Mi maestro tenía cuatro años cuando el Vidente de Lublin falleció".

Al día siguiente, el estudiante volvió. De nuevo, el gran maestro le preguntó: "¿Quién te ha enviado?" A lo que el estudiante respondió: "Rav Shlomo". Y otra vez, el maestro le dijo: "Dile que recuerdo que estuvimos juntos con el Vidente de Lublin". De nuevo, el estudiante se marchó frustrado.

Esto se repitió durante tres días. Finalmente, el estudiante se rindió y emprendió su regreso a casa. Cuando llegó, fue a informar a Rav Shlomo: "Lo siento, pero el anciano maestro debe estar perdiendo su agudeza mental. Nada de lo que me dijo tenía sentido".

Rav Shlomo dijo: "Dime exactamente lo que te dijo". Cuando el estudiante le relató la historia sobre el Vidente de Lublin, Rav Shlomo empezó a llorar. Una vez recuperó la compostura, le explicó al estudiante que cuando tenía tres años asistió a una boda con su padre. Mientras estaba sentado sobre los hombros de su padre, observó cómo los novios recién casados salían de la capilla. Detrás de ellos iba el Vidente de Lublin acompañado por su estudiante, quien más tarde se convertiría en el anciano maestro. Cuando llegaron donde se encontraba el padre de Rav Shlomo, se detuvieron. El Vidente de Lublin tomó la pequeña mano de Rav Shlomo y dijo: "Este niño crecerá y se convertirá en un gran maestro y un gran líder".

Rav Shlomo lloraba, "Todavía puedo sentir cómo agarraba mi mano. Está claro que este mensaje revela una gran bendición. Ha llegado el momento de convertirme en un maestro".

Si prestamos atención, recibimos sugerencias del mundo que nos rodea que nos dicen exactamente los pasos que debemos dar y clarifican cuáles son nuestras responsabilidades en este mundo. Sin embargo, estas sugerencias deben ir acompañadas de recordatorios constantes de que debemos seguir avanzando. Estos recordatorios vienen de un maestro y de una comunidad que nos respeta tanto a nosotros como a nuestro trabajo para proporcionarnos el combustible necesario para progresar de forma continua.

AMA A TU PRÓJIMO

Sabemos que la mayor revelación de Luz en la historia de la humanidad tuvo lugar en el monte Sinaí. Mi padre, el Rav Berg, dice que lo que se reveló fue la Luz en sí misma, y que con esa revelación quedó claro que el destino de la humanidad era la inmortalidad, la vida sin muerte. Mientras que los sabios dicen que ciertamente esta gran sabiduría fue revelada a Moisés en aquel día, la verdad es que la revelación fue un evento todavía mayor de lo que se dijo. Algo todavía más importante que la Luz y la sabiduría que se creó, es el hecho de que lo que sucedió en el monte Sinaí fue el resultado del poder divino de la comunidad.

Antes de que Moisés subiera a la montaña, hizo que los Israelitas se comprometieran los unos con los otros a amar a su prójimo tanto como a sí mismos. Cada uno de ellos será la causa de la seguridad y la felicidad del otro. (Es importante aclarar en este punto que los Israelitas representaban a todas las almas que vienen a este mundo: negros, blancos, cristianos, musulmanes, asiáticos, europeos, todas sin.excepción; los Israelitas éramos todos nosotros). Moisés enfatizó que la revelación no podía suceder a menos que los Israelitas cumplieran su promesa. Por eso, todos y cada uno de los Israelitas accedieron a cuidarse entre ellos y trabajar por los demás, además de satisfacer las necesidades y los deseos de los otros como si fueran los suyos propios. En aquel momento, todos se volvieron responsables entre ellos para siempre. No había intereses propios, ni egoísmo, y no se dejaba a nadie en una situación de necesidad o hambre. Esta fue la primera comunidad auténtica.

Rav Áshlag examinó una vez los sistemas sociales en relación a la naturaleza humana y la creación de una masa crítica dentro de la sociedad. Lo que descubrió fue que la consciencia de las masas es lo que crea el cambio. En otras palabras, todos tenemos dentro de nosotros un gran poder transformador cuando trabajamos juntos como un todo. Esto puede ir a nuestro favor o en nuestra contra. Cuando estamos unidos como un grupo hacemos cosas que nunca haríamos como individuos; por ejemplo, madres pacíficas y padres bien vestidos pueden convertirse en locos lunáticos en los partidos de fútbol de sus hijos. Esto se ha descrito como la "conciencia de grupo". Observa los grupos a los que perteneces. Tu equipo de deporte, tus amigos, tus compañeros de juerga, tus colegas del trabajo, tus amigos del

Facebook; estas son tus comunidades, y como tales tienen poder colectivo. Cada comunidad tiene una energía propia.

Rav Áshlag explica que todos formamos parte de una comunidad, aunque no siempre entendamos o actuemos como si así fuera. Piensa en tu propia vida. Ya sea en tu trabajo, tu gimnasio, tu club del libro, tu bar de noche, tú juegas tu propio papel. Y sea cual sea la dirección en la que se muevan estos grupos, esa es la dirección en la que te mueves tú también. La única opción que tenemos en el asunto es con qué grupo elegimos involucrarnos. Una vez que hemos elegido la comunidad, el grupo de amigos o de socios, las ruedas se ponen en movimiento y resulta increíblemente difícil para un solo individuo cambiar el trayecto del grupo. Por lo tanto, debemos observar detenidamente nuestras vidas y darnos cuenta de que hay personas en nuestra comunidad que nos pueden estar mermando. Tenemos que dar un paso atrás y reconocer que, nos guste o no, estemos de acuerdo o no lo estemos, ellas nos afectan.

Nuestra comunidad es esencial. Si trabajamos duro para corregir nuestra naturaleza pero no formamos parte de un entorno que nos apoye, no tendremos energía suficiente para sostener nuestro progreso. Lo que necesitamos es encontrar el mismo amor que los Israelitas sentían los unos por los otros en el Monte Sinaí; un amor tan grande, que permitió que la revelación tuviera lugar. Si podemos lograr esto, podremos transformar el mundo. Si 18 personas pueden sembrar el terror en los Estados Unidos y en el mundo entero como lo hicieron en el 11 de septiembre, imagina qué puede hacer una gran comunidad de Luz.

Todo lo que sucede a nuestro alrededor está causado por nuestras propias acciones, y por quiénes somos. Si vemos a personas egoístas, es porque nosotros mismos somos egoístas. Cuando experimentamos catástrofes, cuando vemos cómo los recursos de nuestro planeta se agotan, tenemos que examinarnos a nosotros mismos. Esta situación apremiante es un resultado directo de *no* amar a nuestro prójimo como nos amamos a nosotros mismos. Hemos estado tomando mucho más de lo que hemos dado.

No tenemos que ir más allá de nosotros mismos para arreglar el mundo que nos rodea. Las respuestas se revelarán en el momento en que empecemos a arreglarnos a nosotros mismos por dentro. Una vez que alineemos nuestras vidas con las soluciones en vez de con los problemas, podremos contribuir con ese poder a crear una comunidad de mentalidad similar y solidaria. Entonces es cuando la pauta de lo milagroso empieza a activarse. Y lo que es más, la respuesta nunca parecerá ser tan densa como el problema; ¡la solución parecerá simplista! Así es como funciona el universo. La oscuridad es complicada; la Luz es simple.

Piensa en lo siguiente: en el mundo hay una balanza que está en equilibrio. Cada catástrofe tiene un 50% de probabilidades de ocurrir. Son nuestras propias acciones las que inclinan la balanza hacia un lado o el otro. En cada momento tenemos dos opciones: trabajar en nosotros mismos y crear Luz o dejar que el mundo se incline hacia la oscuridad. Depende de nosotros. Depende de ti.

Encuentra una comunidad que te sirva. Encuentra un maestro que te desafíe y te ayude a ver más de lo que tú puedes ver de ti mismo. Detén tu adicción a esas cosas que ya no te sirven a ti ni a tu comunidad a largo plazo. Haz que este sea tu nuevo mantra: "¡Cuando me cambio a mí mismo, estoy cambiando el mundo!".

CAPÍTULO 4

FALSAS APARIENCIAS

Parece que últimamente se está volviendo más y más difícil entender qué es realmente el dinero. A veces parece como si no fuera nada más que números en una computadora. La mayoría de las personas ya no llevan dinero efectivo encima, ¡yo ni siquiera llevo billetera! Todo el sistema financiero actúa como un complejo espejismo —una ilusión óptica—, y sin embargo cada dólar digital que se gasta produce cambios y crea efectos cuánticos de los que no somos conscientes.

En nuestro mundo, toda la energía está en un estado de equilibrio, y el dinero es una fuente de energía que afecta a ese equilibrio. Cada nanosegundo, nuestras acciones monetarias provocan pequeños e incontables cambios en la energía. Son como las placas tectónicas de la tierra: están en constante movimiento y cualquier número de pequeños factores podrían combinarse para desencadenar un suceso a gran escala como un terremoto o un tsunami.

Si miras con detenimiento la forma en que la mayoría de nosotros vivimos nuestras vidas, verás que entre el 80 y el 90% de nuestros días están enfocados en ganar dinero; no en producir cosas o proveer servicios, sino en ganar dinero. Dedicamos gran parte de nuestro tiempo y energía en correr detrás del dinero, y sin embargo empleamos muy poco tiempo en examinar cómo nuestras acciones nos afectan a nosotros mismos y a los demás. A menudo no somos conscientes siquiera de qué estamos vendiendo *realmente*, o de cómo lo estamos produciendo.

Considera algunos servicios profesionales que aparentemente aportan algo a la sociedad, pero que tras un análisis más profundo resulta que tienen costes ocultos y profundos para nuestras vidas, nuestras cuentas bancarias y nuestro mundo.

Enron es un claro ejemplo. Esta compañía energética afincada en Texas fue considerada como un negocio de gran éxito durante muchos años. Sin embargo, finalmente resultó que aunque Enron estaba gestionada por algunas de las personas más inteligentes en el negocio, su compañía era sólo un éxito sobre el papel. Según la película documental *Enron: The Smartest Guys in the Room (Enron: los tipos que estafaron a América en otros países)* el único motivo del éxito extraordinario de Enron fue su habilidad para desarrollar nuevos engaños financieros con el fin de que la compañía *pareciera* tener un altísimo rendimiento.

En resumen, los líderes de la compañía no estaban enfocados en proporcionar un servicio que beneficiara a la sociedad, sino en crear la ilusión de que eran "nuevos genios de la economía" y que podían penetrar con éxito en cualquier línea de negocio y generar beneficios. Llevando la práctica contable común de crear "entidades de propósito especial" a nuevos niveles de complejidad, Enron fue capaz de aumentar su influencia y su resultado sobre activos sin tener que presentar informes de sus deudas y pérdidas. Los inversionistas creyeron en el engaño de Enron durante años hasta que el engaño corporativo fue finalmente revelado y la caída resultante del valor de las acciones de Enron dio un golpe mortal a la compañía.

Algunos inversores inteligentes, tanto del sector privado como del corporativo, fueron también engañados por la conspiración Ponzi de Bernie Madoff, un fondo de protección que reportaba beneficios constantes del 12 al 15%. En realidad Madoff no invertía nada, simplemente guardaba todo el dinero que le daban para inversiones y lo utilizaba para comprar barcos, casas y otros lujos personales. Siempre que los inversores solicitaban dinero, Madoff tomaba la cantidad pedida, más los intereses, de su reserva de inversiones realizadas por otras personas. Piensa en ello: gente inteligente, bien educada y experta en finanzas le dio a Madoff 65 mil millones de dólares, ¡durante casi dos décadas! Cuando un gran banco europeo investigó la compañía de Madoff en el 2003, encontró tantas señales de alarma que puso a Madoff en una lista negra internacional y desaconsejó a sus clientes que le dieran su dinero. Sin embargo, ¡más tarde decidieron invertir diez millones de euros de su propio dinero con él!

El aspecto de esta historia que todavía deja perplejos a expertos de todo el mundo es por qué nadie hizo más preguntas. Si nuestra tendencia natural es a no confiar en los demás, ¿por qué confió tanta gente en Bernie Madoff? Parece ser que cuando se nos presenta la posibilidad de hacer dinero rápido, bajamos la guardia y tomamos decisiones que nunca habríamos tomado de otra forma. El atractivo de hacer dinero fácil fue demasiado tentador como para dejarlo pasar, especialmente cuando grupo de inversores están haciendo lo mismo.

Nos hemos obsesionado tanto con ganar dinero que nos hemos olvidado de su valor real y de la satisfacción que se obtiene del esfuerzo que hacemos para ganárnoslo. Pocas partes de lo que se llama el "mundo desarrollado" *producen* y *venden* ya nada en realidad. Intercambiamos dinero digital por propiedad intelectual en un juego de números interminables.

PANTALONES A DIEZ DÓLARES

Otro aspecto de la desconexión con nuestro dinero es que no nos damos cuenta del poder de nuestras elecciones cuando decidimos cómo gastarlo. Como consumidores, todo lo que compramos afecta al sistema económico global. Por ejemplo, con el consumismo como nuestro guía, buscamos "tenerlo todo", podamos o no permitírnoslo. La crisis en los créditos, provocada por instituciones prestamistas que dieron créditos a personas que nunca podrían pagarles de vuelta, es la historia a nivel macro, pero a nivel micro, ¿cuántos de nosotros vamos a tiendas baratas para encontrar descuentos que nos permitan comprar las cosas que queremos a un "precio asequible", como un par de pantalones por diez dólares? No preguntamos *cómo* es posible que esos pantalones puedan venderse por el precio de dos cafés de Starbucks, ni tampoco pensamos en cuestionarnos quién está siendo defraudado para que esta ganga sea posible. Frecuentemente ni siquiera nos importa, simplemente somos felices de ahorrar dinero y tener un par de pantalones decente para ponernos.

Desafortunadamente, la realidad detrás de lo que se necesita hacer para poder ofrecer esos pantalones a un precio tan bajo, es posible que no nos haga tan felices. Aunque muchas tiendas baratas tienen políticas similares, centrémonos en la más dominante del mercado de los Estados Unidos: Wal-Mart. El fundador de la compañía, Sam Walton, puso en práctica un modelo de negocio que Wal-Mart todavía sigue hoy en día. Su objetivo es dominar el mercado minorista recortando precios, aumentando así el volumen de ventas y llevando a otras tiendas locales minoristas a la quiebra.

El resultado de sus duras prácticas competitivas significa la pérdida de los negocios locales y del servicio al cliente personalizado, una disminución del surtido de productos para los consumidores y un aumento de los talleres de explotación laboral que producen más producto por menos.

Un informe de junio del 2007 realizado por "Estudiantes y alumnos en contra de la mala práctica de las corporaciones" investigó los procedimientos de auditoría de Wal-Mart a cinco fábricas chinas de juguetes y descubrió que las fábricas tenían que llegar muy lejos para ocultar la explotación laboral. El informe resaltaba que "los gerentes realizaban 'sesiones de entrenamiento' con los trabajadores sobre cómo responder las preguntas de los auditores de Wal-Mart durante las inspecciones. En estos entrenamientos, los gerentes alertaban a los trabajadores: 'si respondes incorrectamente a las preguntas de los auditores, nosotros perdemos pedidos y tú pierdes tu trabajo'".

En otra investigación como la anterior, el periódico británico *The Guardian* entrevistó a ocho trabajadores de siete fábricas en Bangladesh, y todos menos uno de ellos explicó que trabajaba doce horas al día y a veces durante toda la noche para finalizar los pedidos de Wal-Mart. A los trabajadores se les pagaban ocho centavos por hora, un sueldo que no era suficiente para mantener a sus familias.

Aunque estos ejemplos puedan sonar atroces, tú y yo tenemos que asumir alguna responsabilidad por estas condiciones de trabajo opresivas. Primeramente, nosotros compramos los pantalones por diez dólares para alimentar nuestro consumismo, sin mirar bajo la superficie para averiguar cómo esos pantalones pueden venderse tan baratos. ¿Qué esquinas se están recortando? ¿Quién se está viendo forzado a renunciar a un salario digno? Fijamos nuestro objetivo en un premio efímero e ignoramos las consecuencias. Debemos hacernos más preguntas. Tal como mi padre, el Rav, dice, necesitamos preguntarnos "¿por qué?".

Los japoneses han integrado este concepto en su cultura de los negocios y de la industria, adoptando el principio de que debes preguntarte "por qué" cinco veces antes de permitirte pensar que has obtenido la respuesta. El método de los cinco "porqués", utilizado actualmente por Toyota, ayuda a la compañía a enfocarse en la causa del problema en lugar de enfocarse en el síntoma.

En Japón esta técnica forma parte de un modelo de fabricación, pero en realidad todos deberíamos preguntarnos *por qué* de forma regular. El verdadero motivo de hacernos esta pregunta es para volvernos conscientes del cuadro completo. Una vez lo hagamos, también empezaremos a entender que nuestras elecciones tienen un efecto cuántico, que la energía se genera por lo que hacemos, por lo que elegimos. Al fin y al cabo, es decisión *nuestra* demandar un par de pantalones por diez dólares, que es el motivo por el cual Wal-Mart los fabrica para nosotros.

Espiritualmente hablando, hemos perdido contacto con la energía que hay en el dinero. No importa sobre qué se construye una economía, ya que si la población pierde contacto con el valor y la energía del dinero, esa economía no podrá sobrevivir a largo plazo. Si asociamos los pantalones a precio de ganga con el hecho de que un niño estuvo trabajando doce horas para hacer los pantalones que llevamos puestos, ganó ocho centavos por hora y llegó a casa hambriento, no querríamos esos pantalones. No querríamos esa energía cerca de nosotros, y mucho menos sobre nuestros cuerpos.

Hay una historia sobre un rey que quería un nuevo traje. El rey compró el algodón egipcio más caro que encontró en el mercado, y se gastó miles de dólares en todos los materiales necesarios. Luego los entregó al mejor sastre de la ciudad, quien rápidamente hizo el traje según las indicaciones específicas del rey. Sin embargo, cuando el sastre le llevó el traje al rey, a él le desagradó tanto que quería que el sastre le devolviera todo el dinero que había pagado por éste.

Desolado y confundido, el sastre fue a ver al hombre sabio que vivía en la otra punta del pueblo. Con lágrimas en la cara, el sastre le explicó su difícil situación. El sabio reflexionó durante unos instantes y le pidió ver el traje, que el sastre le trajo de inmediato. El sabio lo miró por unos instantes, antes de responder: "Veo cuál es tu problema. Mientras hacías este traje, estabas pensando sólo en el dinero que ibas a ganar y en el coste de los materiales. Si descoses el traje y lo vuelves a hacer mientras sólo deseas cosas buenas para el rey, todo irá bien".

El sastre siguió el consejo del sabio y volvió a confeccionar el traje, poniendo toda su energía en pensamientos buenos sobre el rey. Cuando se lo volvió a llevar a palacio, el rey proclamó que era el traje más hermoso que jamás había visto. El tejido, los materiales, el patrón y la confección eran idénticos a los del primer traje. La única diferencia fue la energía que el sastre puso al hacerlo.

A todos debería importarnos la energía de las ropas que llevamos y la comida que comemos. Seamos o no conscientes de ello, la energía que hay en todo lo que consumimos o llevamos puesto afecta nuestras vidas y la economía global. Piensa tan solo en lo mucho que ha aumentado el valor del dinero en los últimos años. Un dólar solía significar algo. Hace unos cientos de años, con trescientos dólares se podía comprar un buen pedazo de tierra; ahora, con ese dinero sólo puedes comprarte un par de pantalones de diseño.

El dinero tiene poder, y nuestra intención debe ser utilizarlo para generar satisfacción verdadera y para crear riqueza auténtica y duradera para todo el mundo. Tal como ilustra la siguiente historia, la energía que hay en el dinero puede ser luz u oscuridad, depende de dónde procede y de cómo la utilizamos.

Había una vez un hombre muy simple que trabajaba duro, ahorraba su dinero, y que finalmente se convirtió en propietario de un pequeño bar. Lo inusual de este propietario de bar era que tenía una reputación de sabio, por lo que la gente a menudo acudía a él para buscar consejo sobre cómo resolver sus problemas. Se decía que sus bendiciones eran tan poderosas que incluso podía resucitar a los muertos.

Intrigado sobre su extraña habilidad, uno de los habitantes del pueblo le preguntó cuál era su secreto. Él dijo: "Un día decidí que necesitaba conectar sólo con energía positiva. Cuido de todas las personas que trabajan en el bar, me aseguro de que sus familias estén bien cuidadas y sólo contrato a personas a quien aprecio y que aprecian trabajar conmigo. Esto es lo que me da la energía para dar bendiciones y canalizar mensajes positivos para los demás".

Piensa en esta historia por un minuto. Aquel hombre que siempre estaba conectado con lo positivo podía haber decidido utilizar esa energía sólo para sí mismo, pero en su lugar hizo todo lo que pudo por sí mismo y por los demás. Esto le dio el poder para ser más que un hombre normal y corriente.

Una asociación con la positividad es lo que hace falta en la economía mundial. Tal como explicó Rav Áshlag, para poder ser (y seguir siendo) exitosos debemos tener una conexión con la energía y con un propósito más elevado. En términos prácticos, eso significa que no todo se trata sobre mí; significa que hay algo más en juego, un enfoque más amplio, un sistema universal de causa y efecto. Obtenemos nuestro poder cuando nos damos cuenta de que nuestras elecciones, para bien o para mal, tienen consecuencias y afectan a todo el mundo, no sólo a nosotros mismos.

PROFUNDIZA MÁS: LAS PEQUEÑAS ACCIONES TIENEN GRANDES CONSECUENCIAS

No podemos limitarnos a tomar las cosas tal como son sin hacer nuestros deberes. En cada pequeña acción "simple", "rápida", "fácil", siempre hay un contexto más amplio. Todo lo que hacemos tiene un precio oculto: por una parte el trabajo requerido para crearlo, y por otra sus efectos sobre nuestra energía, nuestra salud y nuestro planeta. Todos los objetos creados por el hombre son parte de una red de efectos planetarios que no vemos si no profundizamos un poco más.

Por ejemplo, hay personas que crean un hábito rutinario de comprar ropa, llevarla para un evento en particular y luego devolverla. En la industria textil, este comportamiento se conoce como "wardrobing", y supone un coste anual a los minoristas de unos once millones de dólares. Este es un dinero que los comercios podrían utilizar para invertirlo de maneras que beneficiarían a los consumidores. Quizá podría significar la contratación de más trabajadores, un aumento en la calidad de la fabricación, o precios más bajos para todo el mundo, lo cual estimularía la economía. Si compro un traje para llevarlo a un evento y luego planeo devolverlo, puedo pensar: "Sólo soy una persona que toma prestado un traje". Pero así es como muchos de nuestros pequeños problemas se convierten en grandes problemas; podemos pensar que somos los únicos que lo hacemos, cuando en verdad formamos parte de una familia humana de seis billones de personas. En realidad no pasa mucho tiempo antes de que nuestras acciones creen una plaga. No sabemos lo poderosos que somos realmente, ni siquiera nos damos cuenta de que nuestras acciones más pequeñas también tienen consecuencias.

Como consumidores, también tenemos que ser conscientes de nuestro comportamiento de compra; como individuos, tenemos que entender que somos poderosos y que tenemos una responsabilidad hacia el mundo en que vivimos, y eso también incluye a nuestra economía. Cada acción pequeña que realizamos con nuestro dinero, ya sea comprar con conciencia o comprar desconsideradamente comida que daña a nuestro ecosistema, se convierte en algo mucho más grande y más global que nosotros mismos, para bien o para mal. Cada una de nuestras acciones estimula un cambio exponencial. Una vez que estas acciones alcanzan una masa crítica, desencadenan acciones de otras personas y en otros lugares. Así es cómo funciona el mundo cuántico.

La palabra "cuántico" viene del latín, significa "cuánto", y se refiere a las unidades de materia y energía que los físicos cuánticos predijeron y observaron. En el reino de la física cuántica, los experimentos han establecido que el mero acto de observar algo, influencia de forma real el proceso físico que está teniendo lugar, y que la información involucrada en dicho proceso se mueve de forma instantánea entre vastas distancias.

La energía y la información cuántica están en funcionamiento mientras lees estas palabras. Ya seas un científico y lo llames física cuántica, o seas un budista y lo llames Dharma, o seas un cristiano y lo llames Conciencia de Dios, hay una dimensión energética que influencia y está influenciada por cada una de nuestras acciones. Todo lo que hacemos se añade al balance de cuentas global. Si un tornado de negatividad se activa, podemos elegir formar parte de él o podemos elegir contrarrestarlo. Aunque creemos que estamos solos y desamparados, estamos equivocados. El universo siempre está observándonos y tomando en cuenta cada una de nuestras acciones.

Parte del legado kabbalístico, esta es una historia del gran sabio Baal Shem Tov que ilustra muy bien este punto.

Un día alguien llamó a la puerta de la casa del Baal Shem Tov. Uno de sus estudiantes abrió la puerta y se encontró a un vagabundo vestido con harapos parado frente a él. El estudiante le ofreció unos cuantos centavos y empezó a cerrar la puerta, pero el hombre insistió en que quería hablar con el Baal Shem Tov. El estudiante intentó disuadir a aquel hombre diciéndole que su maestro estaba muy ocupado, pero el vagabundo se mantuvo firme. Entonces, desde el interior de la casa, el estudiante oyó la voz del Baal Shem Tov, que dijo: "Deja que entre".

Después de conocer al Baal Shem Tov, el vagabundo le contó esta historia. "Hace veinte años, yo era el hombre más rico de la ciudad. Lo tenía todo. Tenía mansiones, sirvientes, cualquier lujo que puedas imaginarte. Y entonces un día lo perdí todo. Todo. No solo dinero o poder. Todo lo que era importante para mí desapareció de repente. ¿Por qué? ¿Qué sucedió?"

El Baal Shem Tov preguntó al vagabundo: "¿Recuerdas el día en que todo cambió? Ibas caminando desde tu casa hasta tu fábrica, cuando te cruzaste con un hombre en la calle a quien le dolía el estómago de hambre. Él te pidió ayuda. Tú tenías dinero de sobra en tu bolsa y una manzana en tu bolsillo, pero ni siquiera eso le diste. Te limitaste a seguir caminando. Aquel hombre, que nunca había hecho daño a nadie, estaba muriéndose, y tú pasaste de largo. Incluso los ángeles del cielo, que han visto mucho durante sus vidas inmortales, estaban horrorizados: *¿cómo se atreve esta persona con la que Dios ha sido tan generosa a ser completamente insensible al dolor de un hombre que está al borde de la muerte?* Y así decretaron que se giraran las tornas, y que todo lo que tú tenías pasara a manos de este hombre hambriento".

El vagabundo estaba conmocionado. Le preguntó: "¿Hay alguna manera de que pueda recuperarlo?" El Baal Shem Tov replicó: "Sí, hay una forma. Si le pides algo al hombre que antes estaba hambriento y él te dice que no, entonces todo volverá a ser como era antes. Él volverá a ser un vagabundo y tú volverás a tu antigua vida de lujos".

Una vez supo esto, el vagabundo partió hacia la casa del hombre rico. Llamó a su puerta y le preguntó: ¿Me puedes dar algo de dinero?" El hombre rico le respondió: "Por supuesto". Tomó algunos rublos y se los dio. Al día siguiente, el vagabundo volvió y le preguntó: "¿Me puedes dar una manzana?" De nuevo, el hombre rico le respondió: "Por supuesto, aquí la tienes". El vagabundo volvía una y otra vez, y el hombre rico siempre le daba lo que pedía. Ante esta situación, el vagabundo empezó a frustrarse muchísimo, por lo que decidió adoptar un enfoque más agresivo.

El vagabundo volvió a la casa del hombre rico a las tres de la madrugada y llamó a la puerta. El hombre rico respondió: "Sí, ¿puedo ayudarle?" Cuando el vagabundo le preguntó: "¿Me puede dar un poco de agua?", él dijo: "Por supuesto". Eran las tres de la madrugada, pero él le dio agua a aquel pobre hombre. El vagabundo volvió a las cinco de la madrugada, y de nuevo a las once de la noche. En cada ocasión, el hombre rico le dio lo que él le pedía.

No mucho más tarde, el vagabundo descubrió que la hija del hombre rico iba a casarse. Por lo tanto, el vagabundo pensó que en la boda de su propia hija el hombre rico estaría tan ocupado que rechazaría la petición de un indigente. El día de la boda llegó y la ceremonia se celebró. En la recepción, el padre empezó a bailar con su hija. En pleno baile, el vagabundo corrió hacia el padre y le preguntó: "¿Puedes darme cincuenta rublos ahora mismo?" Entonces el padre miró a su hija y le dijo: "Un momento". Dejó de bailar, sacó su billetera y le dio al indigente los cincuenta rublos. En ese punto, el vagabundo se dio cuenta de que este hombre nunca le devolvería su vida anterior. No había límites a su bondad y su generosidad.

El mensaje de esta historia es que el universo está siempre observando. Con una acción aparentemente pequeña, puedes perderlo o ganarlo *todo*.

ELIGE TU VENENO

Algunas de las industrias más grandes y poderosas pertenecen al negocio de la adicción. Alcohol. Drogas. Tabaco. Sexo. Estas industrias están apoyadas por aquellos que consumen sus productos o servicios, así como por los gobiernos que dependen de sus beneficios fiscales. No hay duda de que los individuos, las compañías y los gobiernos saben que estas adicciones no son buenas para las personas. Todos somos conscientes de la destrucción que causan a nuestra salud, nuestras relaciones y nuestro bienestar en general. Sin embargo, continuamos contribuyendo al problema.

Culpamos a la industria del tabaco por producir cigarrillos. Culpamos a los cárteles de la droga por producir cocaína y heroína. Culpamos a los proxenetas por comerciar con el sexo. Pero la verdad es que si no hubiera consumidores, el vendedor se iría a la quiebra. No podemos depender del gobierno para que solucione el problema; de hecho, el gobierno a menudo lo empeora. Y no estamos hablando del negocio de los cigarrillos, de la guerra de drogas, del problema de la pornografía o del tráfico de esclavas del sexo, sino que hablamos de la explotación de los comportamientos adictivos para hacer dinero. Igual que sucede en la mayoría de las guerras, estamos luchando la batalla equivocada.

En 1971, el presidente de los Estados Unidos Richard Nixon, declaró que la lucha contra la droga debía ser la máxima prioridad tanto para los EE.UU. como para el resto del mundo. Más de treinta años después, los ex presidentes de Brasil, Colombia y México anunciaron que era el momento de reemplazar la lucha contra la droga por un conjunto de leyes más realistas, humanas y efectivas en ese campo. Los tres hombres concluyeron que "para ser efectivos, el nuevo paradigma debe enfocarse en la salud y la educación, no en la represión".

Desde que empezó la guerra contra la droga, se han destinado más de quinientos millones de dólares a ese fin. Por desgracia, los esfuerzos de la Agencia Antidroga de los Estados Unidos (DEA) no ha logrado grandes resultados. La cocaína sigue siendo tan prevalente hoy en día como lo era hace treinta años, además de ser más barata y más pura. Y como resultado de la guerra contra la cocaína, la metanfetamina, muy poco utilizada hace 15 años, se consume hoy en día por aproximadamente un millón y medio de americanos. El problema es que desde que se inició la guerra, los esfuerzos se han enfocado en encerrar a los consumidores de drogas y atacar el comercio procedente del extranjero, en lugar de educar a las personas sobre los peligros de las drogas, descriminalizarlas y tratar a los adictos como pacientes y no como criminales.

Al final, sólo el consumidor individual puede detener la adicción. Aunque dejemos de utilizar una droga en particular, si no cambiamos nuestro comportamiento adictivo sólo podremos movernos hacia otra forma de adicción.

Además de ejercitar nuestro poder como consumidores para tomar decisiones conscientes cuando compramos productos, debemos observar nuestro propio papel en la venta de esas mercancías. Debemos echar un vistazo a nuestra propia profesión y hacernos algunas preguntas difíciles: "¿Sirve esto al bien común? ¿O sólo me sirve a mi mismo?" No es una pastilla fácil de tragar, pero mientras sólo busquemos nuestro propio beneficio, no seremos diferentes de un proxeneta o un traficante de drogas.

En verdad, no importa si somos el traficante o el consumidor, lo que necesitamos es una oportunidad para ver el cuadro completo de nuestras acciones y para asumir la responsabilidad de hacer un cambio.

Batsheva Zimmerman es una mujer fuerte y comprometida que viaja por las ciudades y junglas de Colombia compartiendo la Luz de la Kabbalah en algunos de los lugares más oscuros de la Tierra. A lo largo de su trabajo, Batsheva Zimmerman ha conocido a muchos traficantes de drogas, así como adictos. La siguiente historia es su relato sobre Gilberto Rodríguez, jefe del cártel de Cali.

Cuando fui a visitarles, Gilberto y Miguel Rodríguez estaban en la cárcel. Miguel no quería estudiar la Kabbalah, pero Gilberto sí. Cuando llegué a su habitación, su esposa estaba allí, junto con otros presos. La energía era fuerte y dura, parecía como si no hubiera ninguna abertura para que pudiera penetrar mi ayuda. Por un segundo, me pregunté: "¿Por qué estoy aquí? ¿Por qué vine?" Empecé a hablar, y cuando me habían escuchado durante un minuto, Gilberto y otros reclusos empezaron a hablar entre ellos. Yo pensé: "Esto es imposible, hay demasiada negatividad y oscuridad en este lugar".

Pero entonces me di cuenta de que me estaba enfocando en la oscuridad y en el ego, y no en el alma; en aquel momento, hice un giro interno. Decidí que quería hablarle al alma de Gilberto, ¡a su Luz! No había ido allí para juzgar, sino para dar Luz y conexión a Gilberto. A partir de aquel momento, se mantuvieron en silencio. Hablé durante un rato y me di cuenta de que la energía en la habitación era diferente, y que todos estaban tranquilos y atentos. El color de sus caras, que antes había sido gris, ahora lo veía como un rosa sano, lleno de energía, y sus miradas estaban vivas.

Puse el Zóhar en mi mano, lo abrí y se lo di a Gilberto. Dije: "Bien, ahora escanea las letras y permanece abierto a lo que pueda pasar". Él lo hizo, y entonces después de dos o tres minutos me dijo: "Escucha, no sé lo que es esto, pero lo siento, lo siento aquí", mientras señalaba a su pecho. "Lo siento aquí, lo siento, y lo quiero". Estaba hablando de forma brutal, sin ninguna suavidad, pero cuando le miré de cerca vi lágrimas en sus ojos. Por supuesto, en aquel momento yo también me emocioné; se había producido un gran cambio al pasar de una oscuridad tan pesada a una Luz tan intensa.

Cuando le dije adiós, Gilberto dijo: "Cada vez que vengas a Colombia, por favor ven a visitarme; quiero aprender más". Y eso fue lo que hice.

Le visité quizá cinco veces en total, me sentaba todo el día con él, le enseñaba Kabbalah y le leía el Zóhar. Recuerdo que cada vez veía más y más cambios en él; estaba más abierto, más calmado y hablaba con más suavidad. Sentía que estaba entrando dentro de sí mismo y que estaba asumiendo más responsabilidad por su vida.

La última vez que le vi, me dijo: "Sé que he hecho muchas cosas malas, y sé que ese no es el camino y que necesito pagar por ello. Sólo estoy pidiendo una oportunidad para arreglarlo y hacer el bien en el mundo". Fue un momento muy emotivo.

Después de que Álvaro Uribe fuera proclamado presidente, Gilberto y Miguel Rodríguez fueron trasladados a otra prisión, donde vivieron momentos muy difíciles. El gobierno quería que él les diese la información, les dijera cosas, y por ello le aislaron durante meses, sin que pudiera hablar con nadie; no le dejaban dormir; fue muy duro para él, y se puso muy enfermo. Entonces lo trasladaron a otra prisión en los Estado Unidos.

Dos años más tarde fui a Colombia a entregar el Zóhar al jefe del sistema de prisiones. Habitualmente no le digo a nadie a quien enseño, pero esta vez me encontré a mi misma hablándole a este hombre de Gilberto, y explicándole que pasé tiempo con él y que también le di un Zóhar. Él dijo: "¿Qué? ¿Qué le diste a Gilberto Rodríguez un Zóhar?"

"No sólo le di un Zóhar", respondí, "sino que también les enseñé Kabbalah a él y su familia".

Él se entusiasmó y me dijo: "¡Ahora lo entiendo!, ¡Ahora lo entiendo! ¡Sí, esto tiene sentido!"

Luego me explicó que cuando trasladaron a Gilberto a una prisión en los Estados Unidos, se comportó como una persona completamente diferente: humilde, de voz suave y sensible. Él dijo a los que tenía a su alrededor que había aportado mucha negatividad a este país y al mundo. Dijo: "Estoy pidiendo perdón y sólo desearía poder corregirlo todo; desearía poder ayudar; gracias por todo", y subió al avión. Todos los presentes se quedaron parados con las bocas abiertas y no supieron entender la extraordinaria transformación que había tenido lugar en este traficante de droga, antes tan violento y brutal".

Pienso que esta es una historia asombrosa de rehabilitación y transformación, y espero que despierte tu consciencia del gran poder que tenemos en realidad y del impacto que tienen los pequeños gestos. Por favor, visita esta página web de Wikipedia para saber más sobre Gilberto: http://es.wikipedia.org/wiki/Gilberto_Rodríguez_Orejuela.

Si se nos brinda la oportunidad de ver el dolor de otra persona es porque tenemos la capacidad de hacer algo. No hay un comportamiento más bajo que ver a alguien sufriendo y no hacer nada, tal como se demuestra en la historia del hombre rico que enojó a los ángeles. Sólo podemos presenciar aquello sobre lo que podemos afectar. Ver es propio del ego. Ayudar y ser parte de la solución es propio de la Luz.

Hay una bonita historia sobre el Vidente de Lublin. Él era un gran sabio que tenía el don de ver cosas que sucedían a muchas millas de distancia. Él podía ver no sólo lo que sucedía en el reino de lo físico, sino también el interior de los corazones de todas las personas. Podía ver lo bueno, lo malo, todo.

El Vidente tuvo una vez un estudiante que le suplicaba continuamente: "Por favor, muéstrame un destello de lo que tú puedes ver". El Vidente se negaba, diciendo: "Si alguna vez ves lo que yo veo, te arrepentirás; te causará un gran dolor". Pero el estudiante persistió, hasta que finalmente el Vidente accedió. Se llevó al alumno a su estudio y juntos miraron por la ventana.

El estudiante percibió cómo se abría otra ventana dentro de la misma ventana, a través de la cual pudo ver a un hombre rico que se subía a un carruaje. De repente, un hombre pobre salió de la acera e intentó captar la atención del hombre rico. El hombre rico detuvo el carruaje y le preguntó al pobre: "¿Qué quiere? ¿Cómo puedo ayudarle?"

El hombre pobre replicó: "No he comido durante semanas, y voy de camino a la ciudad. ¿Puede llevarme hasta allí?".

Al ver aquella gran oportunidad para la generosidad, el estudiante dijo: "Esta persona rica va a ayudar a esta persona pobre. ¡Es maravilloso!"

El hombre rico ayudó al pobre a subirse al carruaje y emprendió de nuevo el camino hacia la ciudad. Unos minutos más tarde, cuando el carruaje llegó a un tramo estrecho del camino, el hombre pobre sacó un cuchillo y empezó a robar al hombre rico todas sus posesiones.

El estudiante se apartó de la ventana, afectado. "Este hombre rico dejó subir a su carruaje a esta persona pobre y estaba intentando ayudarle", le dijo a su maestro. "No entiendo. ¿Por qué le robó el pobre?"

El Vidente le miró y dijo: "Te dije que esto te causaría dolor y sufrimiento. Sólo ver cosas no sirve de nada, razón por la cual habitualmente no las puedes ver". Continuaron mirando a través de la ventana hasta que el Vidente dijo: "Lo único que el hombre rico podría hacer es tomar esa pieza de madera que hay allí en el suelo y golpear al pobre antes de que le apuñale. Le ayudaré". Efectivamente, justo cuando el pobre iba a apuñalarle, el hombre rico tomó el trozo de madera y golpeó a su atacante.

Con el corazón acelerado, el estudiante exclamó: "¡Caramba!", a lo que el Vidente replicó: "Sólo ver es inútil, pero ver y luego hacer algo, ese es el auténtico poder. Ver lo que está en el interior del corazón de alguien y no hacer nada al respecto es absurdo. Ver dolor, sufrimiento y vacío, y luego llenarlo con Luz, eso sí que tiene valor". La prueba definitiva del don de ver es si eres capaz o no de crear una diferencia en la vida de otra persona.

Todos tenemos el poder de cambiar el mundo en el que vivimos. Cada acción crea realmente una diferencia. Desde una perspectiva espiritual, simplemente tenemos que dejar de caminar como sonámbulos por la vida y empezar a cuestionarnos el *porqué* antes de poder profundizar para revelar las verdades que hay a nuestro alrededor. La verdad es que las pequeñas acciones cuentan, que la energía cuenta y nos afecta a todos, y que las adicciones y la codicia son *nuestro* problema, no sólo la culpa de las industrias que se benefician de ellos.

En lugar de depender del gobierno, de las empresas o de los activistas, debemos entender que un pequeño cambio compuesto con el paso del tiempo tiene resultados enormes…o ramificaciones. Una acción puede parecer insignificante, pero no lo es. La diferencia que produce puede que no sea inmediatamente aparente, pero tenemos que darnos cuenta de que podemos y tenemos el poder de impactar el mundo que nos rodea, y que hacemos uso de ese poder cada vez que actuamos, nos demos cuenta o no.

Empieza a hacerte preguntas. Empieza a darte cuenta de que eres parte del problema. Empieza a abrirte a una conciencia más elevada. Cuando lo hagas, te convertirás en parte de la solución.

CAPÍTULO 5

ES TU DECISIÓN...

EL PODER DE CAMBIARLO TODO
CAPÍTULO 5: ES TU DECISIÓN...

155

Muchas enseñanzas espirituales exaltan los beneficios de simplemente *ser*. Pero no vinimos aquí para ser, vinimos aquí para *transformarnos*: para vencer las creencias destructivas que nos limitan y para convertirnos en nuestro yo perfeccionado. El reto es que nos interponemos en nuestro propio camino. Nuestros miedos son la motivación que yace bajo esas creencias limitadoras y destructivas.

Por ejemplo, el miedo a ser lastimados es lo que nos impide experimentar una relación auténtica. El miedo a ser pobres es lo que nos impide encontrar el trabajo de nuestros sueños. El miedo a ser insignificantes es lo que nos impide ofrecer nuestros dones y compartirlos con el mundo. Irónicamente, resulta que al dejarnos llevar por nuestros miedos creamos la misma realidad que estamos tratando de evitar desesperadamente. ¿Te has preguntado alguna vez por qué las personas que son atacadas por perros son a menudo las que más los temen?

Aunque esta dinámica suena muy simple, en la vida cotidiana estos miedos no son siempre fáciles de ver en nosotros mismos. Son un mal funcionamiento reactivo que está incorporado en nuestro ADN, y parte de nuestro viaje en esta vida consiste en volvernos conscientes de este aspecto de nosotros mismos. De hecho, descubrir nuestros miedos subyacentes es la clave para determinar lo que hemos venido a cambiar aquí, para revelar nuestro propósito. Como si eso no fuera incentivo suficiente, cuanto más tiempo permanecemos inconscientes de esta verdad sobre nosotros mismos, más caos traeremos de forma continua a nuestras vidas y más conseguiremos lo que realmente queremos.

Mi ADN como géminis significa que pierdo la concentración y me distraigo fácilmente. El miedo subyacente que me motiva es una sensación persistente de que perderé una oportunidad. Aquellos de ustedes que han leído mis libros o mis afinaciones diarias, o me han escuchado hablar, sabrán que a menudo hablo de este tema. Este es el motivo por el cual respondo cada correo electrónico, cada mensaje de móvil y cada mensaje de Twitter. Recibo miles de mensajes cada semana, y procuro responderlos todos; este libro no podía publicarse de ninguna forma sin una discusión sobre las oportunidades perdidas.

Verás, nuestra alma tiene un sistema de navegación incorporado que está diseñado para colocarnos en el lugar y el momento adecuados para conocer a las personas adecuadas en nuestro viaje. Nos guiará estratégicamente hacia la esquina donde nos encontraremos con nuestra alma gemela. O hará que perdamos nuestro vuelo para que podamos tomar el próximo y sentarnos al lado de nuestro futuro socio de empresa. El desafío es que no siempre estamos prestamos la suficiente atención a este sistema de navegación del alma, por lo que nos perdemos sus indicaciones.

Esta posibilidad me mantiene despierto por las noches.

A menudo estamos a sólo una persona, a una llamada de teléfono o a un paso de la solución de todos nuestros problemas. Si nuestra alma nos coloca siempre en el lugar adecuado para la redención y no lo vemos, ¡eso es muy doloroso! Esto invalida completamente la idea de que si no sucede es porque no tenía que suceder, lo cual es simplemente una forma de hacernos sentir mejor con nosotros mismos si perdiéramos la oportunidad.

Hay muchas formas en las que perdemos oportunidades. La menos obvia es cuando ni siquiera las detectamos. Quizá estamos demasiado preocupados con nuestra carrera profesional, demasiado enfocados en nosotros mismos o demasiado ocupados con un comportamiento adictivo. El punto es que, por el motivo que sea, no somos capaces de ver lo que está delante de nuestros ojos. Otra posibilidad es que reconozcamos una oportunidad pero elijamos huir de ella, escogemos la salida "fácil" en lugar de tomar el camino que parece más desafiante. A veces simplemente nos rendimos en lugar de estar a la altura de las circunstancias, afrontar nuestros miedos y conectarnos a algo más grande en nuestro interior.

Hay una famosa historia que se cuenta en muchas tradiciones. Yo la escuché en la Yeshivá en la que estudié, y creo que ilustra este punto con claridad.

Hace mucho tiempo, en un pequeño pueblo de Europa, vivía un joven carnicero. Una noche, su difunto padre se le apareció en un sueño. El padre dijo: "Una mujer te visitará en un viernes antes de Shabat. Ella te pedirá que sacrifiques a un pollo por ella. No te niegues. Deberás hacer lo que te pida".

Pasaron muchos viernes, pero la mujer seguía sin aparecer.

Pasaron setenta años. Entonces, un viernes antes de Shabat, el ya viejo carnicero iba de camino al templo cuando una mujer se acercó a él y le dijo: "Por favor, sé que es tarde, pero si no sacrifica este pollo, no tendré nada que comer". El carnicero miró su reloj, y acto seguido sacudió la cabeza. "Lo siento mucho. Me gustaría ayudarle, pero no tengo tiempo". Y partió.

Aquella misma noche, en pleno *Kidush*, recordó de repente el sueño que había tenido muchos años antes y se dio cuenta de que tenía que haber sacrificado el pollo para aquella mujer. ¿Cómo podía encontrarla? Se puso inmediatamente en marcha. Le explicó a su esposa lo que había sucedido, y le dio instrucciones de que si veía a aquella mujer le diera comida, pues sabía que él mismo había perdido esa oportunidad. Efectivamente, aquella misma noche, el carnicero dejó este mundo. Pero al menos obtuvo el mérito de completar su tarea mediante las acciones de su familia.

Debemos afrontarlo, pues va a suceder; vamos a perder oportunidades. Sin embargo, podemos minimizar estas oportunidades perdidas si entendemos bien el principio espiritual del viaje del alma. Necesitamos entrenarnos a nosotros mismos para estar despiertos y alertas con el fin de poder ver las oportunidades de realizar nuestro propósito de vida. Necesitamos escanear nuestras vidas para buscar esos momentos de la misma forma que nos hemos entrenado para mirar a diario nuestras cuentas de correo electrónico y nuestros mensajes de Twitter. La próxima vez que te ocurra algo fuera de lo común, mira con atención para ver la oportunidad que se te presenta.

Es una bendición para mí tener personas que comparten sus historias conmigo a través del correo electrónico. Esta correspondencia es inspiradora para mí, y saber que he ayudado a alguien y he creado una diferencia en sus vidas o les he brindado una oportunidad de crear una diferencia en la vida de otras personas, me ayuda a seguir adelante.

De Jemma.

> *"Lamentablemente, pienso que es necesaria una tragedia para que las personas decidan sacar provecho verdaderamente de la vida. La mayoría de nosotros damos la vida por sentada. Cuando cumplí treinta años, fui diagnosticada con la enfermedad de Lou Gehrig (esclerosis lateral amiotrófica, ELA). Ahora, cuando miro atrás, siento como si toda mi vida hubiera sido una oportunidad perdida. Me limité a ir vagando por ella. Desearía que las personas entendieran lo precioso que es todo ahora, en este momento; ojala hubiera sabido entonces lo que sé ahora".*

El mensaje de Jemma envía una señal de alerta. Como dijo Kabir, el poeta sufí del siglo XV: "Oculto en esta jaula de materia visible, se halla el pájaro invisible de la vida. Préstale atención, pues este está entonando tu canción".

También perdemos oportunidades a nivel global. Hay demasiados ejemplos para ser contados en todo el mundo, pero uno de los que ilustran mejor este punto para mí es la situación en el Medio Oriente. Palestina e Israel continúan perdiendo oportunidades para la paz duradera. Tal como dijo Abba Eban: "Los palestinos nunca pierden la oportunidad de perder una oportunidad".

La caída del moderado Primer Ministro Mohamed Abas —destruido por Yasser Arafat—representa una oportunidad perdida por parte de los palestinos. Abas estaba considerado como uno de los líderes palestinos dedicado a la búsqueda de una solución pacífica al conflicto entre palestinos e israelíes. Era sabido por todos que Abas quería acabar con el terror y colaborar con los Estados Unidos para establecer Palestina como un estado independiente. Sin embargo, Arafat quería construir un estado palestino sobre las ruinas de Israel. Desestabilizado por Arafat desde el principio, Abas, después de tan sólo cuatro meses en el poder, fue reemplazado por Ahmed Korei, a quien muchos veían como un primer ministro "marioneta" cuyos hilos eran jalados por Arafat.

Durante 56 años, cada vez que se ofrecía a los palestinos la posibilidad de un estado pacífico al lado de Israel, ellos elegían rechazar la oferta y en su lugar embarcarse en un sendero de violencia. En 1993 se firmó el acuerdo de Oslo, que trajo de vuelta a Palestina a Arafat y a la Organización para la liberación de Palestina (OLP) para lo que se suponía que iba a ser una reconciliación histórica con Israel. Sin embargo, aunque se le había ofrecido a Arafat el 90% de lo que pedía, en lugar de instaurar la paz y establecer nuevas instituciones palestinas, utilizó los siguientes diez años para convertir los territorios palestinos en campos militares para llevar a cabo una guerra renovada contra Israel.

Entonces el universo proporcionó una oportunidad más para crear la paz. En el 2004, Yasser Arafat era el presidente de la autoridad palestina. En aquella época, el Rav conocía al hombre que era el quiropráctico del aquel entonces Primer Ministro israelí, Ariel Sharon. "Coincidentemente", conocíamos a otra persona que estaba conectada con Yasser Arafat. Ambos fueron a hablar con mi padre, el

Rav, de forma independiente, y le preguntaron si él querría contactar con estos líderes para darles consejo y guía espiritual. Después de conversar con cada uno de los hombres y crear una relación de confianza con ellos, mi padre vio una oportunidad para tratar de crear un puente entre sus diferencias, o quizá de acabar realmente con este conflicto.

Al final, aun con la ayuda de mi padre, las conversaciones cesaron y no se resolvió nada. Seis meses después, Arafat falleció, y no mucho más tarde Sharon tuvo un grave infarto cerebral. Quién sabe si esta reunión era el motivo por el cual ambos vinieron a este mundo, y quién sabe cuántas veces sus almas les habían llevado a momentos en los que podían haber puesto fin a un conflicto centenario. Pero una vez más, esta oportunidad para la paz se perdió.

Las oportunidades perdidas son una gran fuente de dolor para mí. Pero abalanzarme sobre cada oportunidad que aparece en mi camino me ha enseñado la importancia de enfocarme y planificar. Finalmente, he empezado a entender por qué Ernest Hemingway dijo: "No confundas el movimiento con la acción". Teniendo en cuenta todo lo que he recibido y el linaje en el que nací, me encuentro a mí mismo preocupado por el hecho de que, a pesar de todo lo que he podido crear y compartir con el mundo, no he hecho ni mucho menos todo lo que hubiera podido hacer. Mi desafío consiste en dejar ir algunas cosas para poder dar seguimiento a mis mayores objetivos. Ahora estoy asumiendo la responsabilidad de elegir a cada momento lo que es realmente una oportunidad perdida y lo que es una distracción. No quiero despertar a los sesenta años y sentir que he perdido una oportunidad de realizar mi potencial porque estaba distraído. Se parece un poco al relato del rey y el resolvedor de adivinanzas.

La sinfonía de la distracción

Había una vez un rey que tenía un problema. Tenía una adivinanza que necesitaba resolver. Por ello, declaró que recompensaría a la persona que resolviera la adivinanza concediéndole libre acceso a los tesoros del rey durante una hora, a lo largo de la cual podría tomar todo lo que quisiera. Al día siguiente, miles de personas acudieron para resolver el problema. Después de muchos intentos, un hombre acertó finalmente la respuesta.

El rey estaba ahora satisfecho, pues ya conocía la respuesta de la adivinanza. Sin embargo, empezó a arrepentirse de haber ofrecido un premio tan generoso. Por ese motivo, el rey urdió un plan. Durante toda la noche, el rey y sus consejeros investigaron incansablemente la vida del ganador para ver si podían descubrir la forma de distraerlo de prestar atención al tesoro del rey. Hacia la madrugada, el rey ya había encontrado una solución.

El hombre que había resuelto la adivinanza amaba con pasión la música clásica. Así que momentos antes de que llegara la hora concertada, el rey reunió a una espectacular orquesta sinfónica justo fuera de la entrada de la sala del tesoro. La persona que resolvió la adivinanza, entró en la sala del tesoro y miró a su alrededor. Tan pronto como fue a elegir una de las joyas de la corona, la orquesta empezó a tocar. Él se detuvo para escuchar la música, pero tras unos momentos, se sorprendió a sí mismo y se dijo: "Debo enfocarme, necesito prestar atención al tesoro".

Mientras tanto, habían pasado quince minutos. El hombre descubrió una estatua de oro cubierta con joyas, y entonces la sinfonía volvió a sonar. Esta vez, el solista de violín tocaba una melodía que era

EL PODER DE CAMBIARLO TODO
CAPÍTULO 5: ES TU DECISIÓN...

163

simplemente exquisita. El hombre no pudo evitar sentarse para escuchar la música con asombro. Y así pasaron veinte minutos más. Entonces, antes de que pudiera decidirse, empezó a sonar una nueva pieza que continuó durante *otros* veinte minutos.

Cuando se dio cuenta de que sólo le quedaban cinco minutos de su tiempo asignado, el resolvedor de adivinanzas decidió adoptar un nuevo enfoque. "¿Cuál es la pieza más preciosa en esta cámara del tesoro del rey?, se preguntó a sí mismo. Y entonces vio un hermoso diamante, con unas facetas brillantes y exquisitamente cortadas. Corrió hacia la vitrina y alargó su mano para alcanzar la joya, cuando oyó la melodía más seductora, una música tan bella que le hizo llorar. No pudo moverse. El rey había planeado que sonara esta pieza musical como el gran número final de las distracciones. En el instante en que la música dejó de sonar y el hombre estaba a punto de agarrar el diamante, el rey le detuvo y dijo: "Lo siento. Tu tiempo se ha agotado".

Y así, el hombre que resolvió la adivinanza se fue a casa sin nada. Él tuvo la oportunidad de llevarse a casa grandes riquezas del tesoro personal del rey, y sin embargo la perdió. Por un momento de placer, dejó escapar la abundancia para sí mismo y para su familia.

* * *

Por el contrario, un hombre llamado Marc me envió un correo electrónico en el que me hablaba sobre su oportunidad perdida. Cuando lo leí, me recordó que para algunas personas, la oportunidad consiste en permanecer en el camino. A ver si esta historia tiene el mismo efecto en ti.

La historia de Marc

Hace algunos años, no mucho tiempo después de ser puesto en libertad tras haber pasado dos años en la cárcel, estaba estudiando música en la universidad. En aquel tiempo, todo lo que quería hacer con mi vida era desarrollar una carrera en el mundo de la música.

Un día, un grupo de personas que estaban involucradas en el rodaje de una película en Inglaterra, vinieron a la universidad para ver si alguno de los estudiantes estaba interesado en presentarse a una prueba para conseguir un papel. Estaban buscando específicamente actores desconocidos. Un par de amigos de mi clase querían ir a la audición, pero yo era un músico, ¡no un actor!

Sin embargo, sólo para calmar a mis amigos, terminé acompañándoles y, para mi sorpresa, después de que me entrevistaran delante de una cámara y me tomaran fotografías, fui seleccionado para la siguiente fase de la audición. Me presenté, y fui seleccionado de nuevo para la siguiente fase del proceso. Acabé en un grupo seleccionado de veinte personas, de entre las mil quinientas que se presentaron a la primera audición. Había entre diez y quince papeles vacantes, y me convencieron de que iba a ser seleccionado. Estaba tan seguro de que iba a ser elegido para un papel en aquella película, que abandoné la universidad. Incluso convencí al director de mi banco de que iba a ser una estrella del cine y conseguí que me concediera una extensión para el pago de mi crédito estudiantil.

Al final no conseguí el papel. Había dejado la universidad, tenía un elevado crédito por pagar, y me sentía como si alguien me hubiera engañado o se hubieran reído de mí de alguna forma.

Mi oportunidad perdida fue no completar mi carrera universitaria. Al creer ciegamente que conseguiría el papel, dejé que mi ego se llevara lo mejor de mí. Terminé regresando, sin darme cuenta, a la vida que tenía entes de ingresar en prisión: la vida de un drogadicto que vende drogas para pagar su propia adicción. Tres años más tarde, terminé de nuevo en la cárcel. Estuve cumpliendo condena dos años y medio más por tráfico de drogas.

Espero que esta historia sea de alguna utilidad para ti. Al final encontré mi camino —o más concretamente, él me encontró a mí—; pero siempre he pensado que si me hubiera quedado en la universidad y no lo hubiera abandonado todo por escuchar a mi ego, podría haber evitado mucho sufrimiento a mí mismo y a los demás.

Para Marc, el dolor que sintió la segunda vez que fue a la cárcel pudo ser lo que necesitaba para encontrar su camino. A menudo, tenemos miedo de mirar realmente en nuestro interior. Sentimos culpa o vergüenza por nuestros asuntos no resueltos, y como no podemos soportar mirar un poco más profundo, necesitamos atravesar un gran dolor para abrir nuestros ojos. Si no despertamos totalmente, nunca averiguaremos cómo creamos el caos en nuestras vidas y nunca podremos cambiar. Tenemos que decidir confrontar todas las facetas de nuestra vida.

Mientras escribía este capítulo recibiera un mensaje en Twitter de una mujer joven cuya abuela había sido asesinada. Mi corazón voló hacia esta mujer por su pérdida, y cuando lo hizo me di cuenta de que la clave para que superara su dolor era asumir la responsabilidad, no por lo que había pasado, sino por lo que había causado en su interior. Ella podía apagarse y dejar de vivir su vida. O podía elegir honrar la memoria de su abuela dedicándose a ayudar a otras víctimas de asesinatos. Al reconocer que ella era responsable de su propia experiencia de la muerte de su abuela, tenía la oportunidad de hacer un cambio en sí misma para mejor.

Al fin y al cabo, la clave para *cada* uno de nosotros es que asumamos la responsabilidad final de todas nuestras reacciones a todas nuestras experiencias, tanto las buenas como las caóticas. El Baal Shem Tov explica que todo lo que aparece en nuestra vida es responsabilidad nuestra. Todo aquello que entra en nuestras vidas es algo que nos pertenece por completo. Esto puede ser algo difícil de aceptar en ciertas situaciones. ¿Cómo puede ser responsabilidad nuestra que los terroristas destruyan el *World Trade Center*? ¿Cómo podemos ser nosotros responsables si nacimos con una deformidad, o sufrimos un trauma en la niñez?

Aunque un suceso en nuestras vidas no parezca tener sentido en el contexto de esta experiencia de vida, tenemos que aceptar que es una lección de la cual debemos aprender. Puede ser incluso una lección que arrastramos de una encarnación previa. Entender y aceptar totalmente la responsabilidad es la única forma de empezar a encontrar la felicidad, la satisfacción y nuestro propósito en este viaje.

EL PODER DE CAMBIARLO TODO
CAPÍTULO 5: ES TU DECISIÓN...

167

¿QUÉ ES *REALMENTE* LA RESPONSABILIDAD?

Tener los ojos bien abiertos. Eso es la responsabilidad. Cuando nos cargamos algo sobre nuestras espaldas, debemos asegurarnos de que aceptamos el paquete completo, lo bueno y lo malo. Por ejemplo, puede que inicies una relación con alguien que *piensas* que es absolutamente fantástico. Meses más tarde, empiezas a ver sus defectos. Te despertaste de tu enamoramiento y viste el cuadro completo. En verdad, todas esas cosas estaban ahí cuando iniciaste la relación, solo que elegiste no verlas.

Si eliges no ver, entonces sea cual sea el dolor o la decepción que experimentes como resultado, será responsabilidad *tuya*. No podemos limitarnos a mirar a través de los lentes de nuestros deseos. Debemos dar un paso atrás en un primer momento para entender totalmente dónde nos estamos metiendo. Tenemos que mantener nuestros ojos bien abiertos para ver el cuadro completo. Tenemos que comunicarnos y hacer preguntas para tener todos los datos. Tenemos que aceptar lo que hay realmente ahí, no sólo lo que nosotros queremos ver. Es más, una vez lo entendemos, debemos comprometernos a verlo todo *por completo*. Necesitamos preguntarnos: "Ahora que puedo ver el cuadro completo, ¿estoy preparado para aceptarlo?". Y si no podemos decir que estamos plenamente preparados para meternos, entonces debemos decidir *no meternos en absoluto*. Esto es algo que supone *mucho* trabajo, pero es lo que significa asumir la responsabilidad.

Para muchas personas, este trabajo implica un sentimiento de carga o deber. "Responsabilidad" suele ser la palabra que más se utiliza indiscriminadamente en un contexto negativo, cuando alguien "la ha fastidiado". Pero la responsabilidad no se trata de acusar a los demás o de sentirse cargado. Se trata de la libertad que se crea cuando tú y yo estamos completamente comprometidos. Se trata de tomar una decisión basada en el cuadro completo, sabiendo que estás dispuesto a afrontar una situación y que te está llevando en la dirección correcta, aunque no puedas controlar todos los factores.

Hubo un tiempo en los inicios del Centro de Kabbalah en el que mis padres, el Rav y Karen, tuvieron que pasar una prueba tras decidir que ofrecerían la Kabbalah a todo aquel que buscara esta sabiduría, a pesar de que durante miles de años había estado limitada a un grupo seleccionado de personas. Pero ellos se mantuvieron en su compromiso de continuar el trabajo del Centro de Kabbalah. Sabían desde un principio que no iba a ser fácil, pero cuando te metes en algo con los ojos abiertos, puedes superarlo todo.

En el año 1984, yo tenía doce años. En esa edad no siempre sabes con exactitud lo que está sucediendo, pero yo tenía la sensación de que algo grande estaba pasando en el Centro de Kabbalah. Mi padre estaba enfermo y mi madre estaba claramente sometida a mucho estrés. Años más tarde, supe lo que en realidad había sucedido: veintiún profesores, de los veintidós que había en el Centro de Kabbalah, decidieron irse al mismo tiempo. Mi padre tuvo que tomar una decisión. "¿Sigo adelante? ¿Continúo difundiendo este conocimiento? Entonces mi padre se dio cuenta de que su duda era una ilusión que desafiaba su compromiso y su responsabilidad. Él decidió que enseñar la Kabbalah era *su* responsabilidad. No sabía qué sucedería como resultado de sus esfuerzos. Sólo sabía que debía continuar.

EL PODER DE CAMBIARLO TODO
CAPÍTULO 5: ES TU DECISIÓN...

169

En nuestras vidas, a menudo hacemos lo opuesto de lo que hicieron mi padre y mi madre. Nos metemos en situaciones con nuestros ojos cerrados. Seguimos una idea sin pensar, cegados por nuestro ego y nuestras buenas intenciones. Entonces, una vez estamos metidos *de pleno* en la situación, abrimos finalmente los ojos, sólo para ver que estamos metidos hasta el cuello. La triste verdad es que las buenas intenciones nunca nos llevan demasiado lejos.

Podemos ver un ejemplo en la historia sobre un joven kabbalista que iba caminando a la casa de su maestro para estudiar con él. Aquel día soplaba un fuerte viento que le dificultaba caminar. Por eso el kabbalista rezó para que el viento parara. Cuando llegó a la casa de su maestro, oyó que una plaga había invadido la ciudad. Le preguntó a su maestro cuál era la causa de aquella plaga, y el maestro contestó: "Fuiste tú. Rezaste para que el viento cesara, pero la misión de aquel viento era soplar los insectos que llevaban consigo la plaga". Por muy buenas que sean tus intenciones, no puedes ser de ayuda a los demás si no ves el cuadro completo.

PATRONES DEL MUNDO

Actualmente estamos enfrentando a los efectos de las buenas intenciones que se plantaron hace muchos años. Los Estados Unidos tienen un patrón de actuar como el superhéroe que ayuda al resto del mundo. Este patrón, por muy noble que pueda parecer, ha creado problemas una y otra vez. Las mismas naciones a las que intentamos ayudar, sufren aun mayores problemas que aquellas que vinimos a arreglar, y también se encuentran en conflicto con nosotros. Piensa en Vietnam, Camboya, Irán, Irak, Afganistán.

La política de los EE.UU. en los años setenta contribuyó al surgimiento del brutal Khmer Rouge, que ostentó el poder de Camboya de 1975 a 1979. Washington accedió a apoyar el golpe de estado organizado por el Khmer Rouge porque sintió que la política del jefe de estado de aquel entonces, Norodom Sihanuk, beneficiaba a los comunistas en Vietnam, quienes utilizaban el territorio camboyano como base de retaguardia y como línea de suministros. Sin embargo, se estima que alrededor de 1.700.000 camboyanos murieron por trabajos forzados, inanición, negligencia médica y ejecuciones perpetradas por el régimen de Khmer Rouge.

Al principio de la Guerra entre Irán e Irak, a principios de los años ochenta, los Estados Unidos, junto con la Unión Soviética, Inglaterra, Francia y Alemania proporcionaron una ayuda financiera, militar y de inteligencia que permitió a Sadam Husein proporcionar a Irak un fuerte poder militar. En el 2003, el ejército de los Estados Unidos, fuerzas armadas británicas y otras más pequeñas procedentes de Australia, España, Polonia y Dinamarca, invadieron Irak "para desarmar a Irak de armas de destrucción masivas (ADM), para acabar con el apoyo de Sadam Husein al terrorismo y para liberar al pueblo iraquí". El resultado fueron decenas de miles de civiles muertos, inestabilidad generalizada y violencia sectaria.

A finales de los setenta y principios de los ochenta, en un esfuerzo para disminuir la influencia de la Unión Soviética sobre el Medio Oriente, los Muyahidín de Afganistán recibieron financiación y armas por parte de la Agencia Central de Inteligencia (CIA). El apoyo de los Estados Unidos a los Muyahidín evolucionó hasta convertirse en una política exterior oficial de los EE.UU. y, en una ocasión los Muyahidín fueron incluso elogiados por los Estados Unidos como "luchadores por la libertad". Finalmente, los Muyahidín obtuvieron una gran victoria cuando la Unión Soviética retiró las tropas de Afganistán en 1989. Y los Estados Unidos se limitaron a alejarse de aquella situación. En la actualidad, uno de los mayores grupos que crean problemas para los Estados Unidos proviene de los Muyahidín, "los luchadores por la libertad". Hoy se conocen como los Talibán.

Claramente, los Estados Unidos no es el único país que sufre del síndrome de las buenas intenciones; este es un problema mundial. Venezuela se encuentra en un ciclo de cambios de poder a la fuerza, en el nombre del "pueblo". De hecho, estuve allí durante uno de estos golpes. Mi familia estaba en la ciudad para asistir a un evento en un hotel de Caracas, y el día antes del evento me desperté con el sonido de bombas y misiles de artillería. Cuando miramos por la ventana, vimos a soldados rebeldes disparando hacia nuestro hotel, un lugar muy frecuentado por extranjeros. El propietario del hotel habló con las autoridades y prometió que todo volvería a la normalidad a la mañana siguiente, lo cual fue cierto.

Obviamente este incidente me afectó, y recuerdo que durante el breve momento de poder de Hugo Chávez, tomó el mando de los medios y todos los canales de televisión retransmitieron su discurso a todo el país. Parado con su metralleta junto a él, el plan que resumió para la nación sonaba creíble. Parecía tener buenas y genuinas intenciones de hacer de Venezuela un país "del pueblo".

Sin embargo, una vez que el golpe de estado fue desmantelado, Carlos Andrés Pérez, el presidente, no hizo ningún cambio para acomodar a las fuerzas que estaban detrás del levantamiento. Es más, una vez que Hugo Chávez consiguió apoderarse de todo el país, también fracasó en hacer los cambios que una vez había prometido.

Después de haber visto el fervor de Chávez de primera mano, no dudo que tuviera buenas intenciones.

Cuando nos metemos en una situación sin tener plena conciencia de qué dinámicas están realmente en funcionamiento y no estamos preparados para llegar hasta el final, esto no es responsabilidad; esto es el síndrome del superhéroe en acción. Pero los superhéroes sólo existen en los cómics y en las películas. Las personas o países que guardan capas rojas en sus armarios suelen crear mucho más daño y drama que los problemas que vinieron a resolver.

EL MOMENTO QUE *NO* DURARÁ PARA SIEMPRE

Cuando miramos las cosas con los ojos bien abiertos, dejamos de desear la vida de los demás; en su lugar, apreciamos las oportunidades únicas que nuestros desafíos nos ofrecen para alcanzar nuestro destino y superar nuestras creencias limitantes. Por lo tanto, en vez de mirar a las relaciones de otros, mira la razón por la cual no estás en una. Puede que tengas miedo de ser lastimado; si es así, el vacío que sientes al estar solo puede llevarte a darte cuenta de que las relaciones reales no son perfectas, sino un caos complicado. Es seguro que si amas saldrás herido, pero el regalo que recibirás a cambio es una experiencia de amor incondicional y de compartir, en lugar de un amor inseguro y dependiente. Y cuando menos te lo esperes, tu alma gemela llamará a tu puerta. Todo lo que viene a nosotros es una oportunidad para que nos elevemos hacia nuestra grandeza.

Intercambio de vidas

Hay una historia sobre un rey que gobernó unas tierras en las que todos sus habitantes estaban insatisfechos con sus vidas. Después de escuchar los gruñidos de la gente durante mucho tiempo, el rey ideó un plan brillante. Cada persona debería escribir una lista de todo lo que "tenía" en la vida: dinero, salud, una familia, una granja grande, una bella esposa, etc. Luego, al otro lado del papel, se les pidió que escribieran todo lo que les faltaba.

Entonces se les ordenó que trajeran sus respectivas listas al centro del pueblo, donde el rey les dijo que podían intercambiarlas con quien ellos quisieran. Sin embargo, no podían quedarse con sólo una de las caras, sino que debían aceptar el paquete completo.

Todo el mundo corrió entusiasmado al centro del pueblo, ansiosos por intercambiar su lista por la del hombre más rico del reino, sin embargo, cuando vieron la parte trasera de su lista se dieron cuenta de que en su matrimonio no había amor, su hijo estaba en prisión, no había hablado con su hija en años y tenía cinco amantes que sólo querían su dinero: en definitiva, no había amor verdadero en su vida; todo lo que la gente quería era su riqueza. De repente, nadie quería cambiar su lista por la suya.

Otro grupo de personas se acercaron a la persona más poderosa del pueblo. Su autoridad era evidente: tenía influencia sobre la política del reino, la cual condicionaba la vida de muchas personas. Sin embargo, cuando descubrieron que estaba enfermo y que a pesar de toda su influencia no había podido encontrar una cura, nadie quiso cambiar su lista por la de él.

Este proceso se alargó durante todo el día. Al final de la jornada, todo el mundo se fue a casa exhausto. Después de examinar con detenimiento todas las demás opciones disponibles en el pueblo, ¡todo el mundo decidió quedarse con la vida que ya tenía!

Hasta que no abrimos nuestros ojos y nos vemos a nosotros mismos enteramente —lo bueno y lo malo—, podemos pensar que otras personas tienen una mejor vida. El primer paso para asumir la responsabilidad es aceptarnos totalmente a nosotros mismos y a nuestras vidas; este es el lugar donde nuestra alma nos ha colocado. Entonces podemos ver que todo forma parte de un plan perfecto, y que la vida que tenemos es exactamente la vida que necesitamos.

SATURNO

La ubicación de Saturno en nuestra carta astrológica indica el área en la que tenemos más desafíos. Mirar la localización de Saturno en el momento de nuestro nacimiento puede ayudarnos a reconocer nuestro punto ciego, ese lugar dentro de nosotros en el que nuestro miedo nos impide aprovechar las grandes oportunidades, asumir la verdadera responsabilidad y aceptar nuestro propósito en este mundo. Conocido como el maestro, Saturno comunica las lecciones de vida que estamos aquí para aprender, aunque despacio. Se ha sugerido que el nombre Saturno proviene de la palabra en latín *sator*, que significa sembrar. Por lo tanto, la voz de Saturno a menudo nos dice lo que hemos sembrado y, por lo tanto, lo que merecemos cosechar. Si podemos aceptar y reconocer esta parte de nosotros mismos, podemos equiparnos mejor para vivir de acuerdo a nuestro pleno potencial. Aquellos que no logran expresar la naturaleza proactiva de Saturno pueden encontrarse en un estado reactivo: buscando seguridad y esperando que una autoridad, socio, padre o gobierno se ocupe de las cosas por ellos.

Utiliza las siguientes tablas para determinar dónde se encontraba Saturno el día en que naciste. Luego revisa la información que aparece a continuación. Ésta te ofrecerá una conciencia de ti mismo que te permitirá trabajar proactivamente hacia los cambios que viniste a hacer a este mundo, para que así puedas asumir responsabilidad plena por la vida que viniste a vivir.

¿Dónde está tu Saturno?

(1900 – 2050)

1 enero 1900 – 21 enero 1900	Saturno en Sagitario
22 enero 1900 – 18 julio 1900	Saturno en Capricornio
19 julio 1900 – 17 octubre 1900	Saturno en Sagitario
18 octubre 1900 – 20 enero 1903	Saturno en Capricornio
21 enero 1903 – 14 abril 1905	Saturno en Acuario
15 abril 1905 – 17 agosto 1905	Saturno en Piscis
18 agosto 1905 – 9 enero 1906	Saturno en Acuario
10 enero 1906 – 20 marzo 1908	Saturno en Piscis
21 marzo, 1908 – 18 mayo 1910	Saturno en Aries

19 mayo 1910 – 15 diciembre 1910	Saturno en Tauro
16 diciembre 1910 – 20 enero 1911	Saturno en Aries
21 enero 1911 – 8 julio 1912	Saturno en Tauro
9 julio 1912 – 30 noviembre 1912	Saturno en Géminis
1 diciembre 1912 – 27 marzo 1913	Saturno en Tauro
28 marzo 1913 – 24 agosto 1914	Saturno en Géminis
25 agosto 1914 – 7 diciembre 1914	Saturno en Cáncer
8 diciembre 1914 – 13 mayo 1915	Saturno en Géminis
14 mayo 1915 – 19 octubre 1916	Saturno en Cáncer

20 octubre 1916 – 17 diciembre 1916	Saturno en Leo
8 diciembre 1916 – 25 junio 1917	Saturno en Cáncer
26 junio 1917 – 13 agosto 1919	Saturno en Leo
14 agosto 1919 – 8 octubre 1921	Saturno en Virgo

9 octubre 1921 – 21 diciembre 1923	Saturno en Libra
22 diciembre 1923 – 6 abril 1924	Saturno en Escorpio
7 abril 1924 – 14 septiembre 1924	Saturno en Libra
15 septiembre 1924 – 2 diciembre 1926	Saturno en Escorpio
3 diciembre 1926 – 16 marzo 1929	Saturno en Sagitario
17 marzo 1929 – 5 mayo 1929	Saturno en Capricornio
6 mayo 1929 – 30 noviembre 1929	Saturno en Sagitario
1 diciembre 1929 – 24 febrero 1932	Saturno en Capricornio

25 febrero 1932 – 13 agosto 1932	Saturno en Acuario
14 agosto 1932 – 20 noviembre 1932	Saturno en Capricornio
21 noviembre 1932 – 15 febrero 1935	Saturno en Acuario
16 febrero 1935 – 25 abril 1937	Saturno en Piscis
26 abril 1937 – 18 octubre 1937	Saturno en Aries
19 octubre 1937 – 14 enero 1938	Saturno en Piscis
15 enero 1938 – 7 julio 1939	Saturno en Aries
8 julio 1939 – 22 septiembre 1939	Saturno en Tauro
23 septiembre 1939 – 20 marzo 1940	Saturno en Aries

21 marzo 1940 – 8 mayo 1942	Saturno en Tauro
9 mayo 1942 – 21 junio 1944	Saturno en Géminis
22 junio 1944 – 2 agosto 1946	Saturno en Cáncer
3 agosto 1946 – 18 septiembre 1948	Saturno en Leo

EL PODER DE CAMBIARLO TODO
CAPÍTULO 5: ES TU DECISIÓN...

177

19 septiembre 1948 – 3 abril 1949	Saturno en Virgo
4 abril 1949 – 29 mayo 1949	Saturno en Leo
30 mayo 1949 – 20 noviembre 1950	Saturno en Virgo
21 noviembre 1950 – 7 marzo 1951	Saturno en Libra
8 marzo 1951 – 13 agosto 1951	Saturno en Virgo

14 agosto 1951 – 23 octubre 1953	Saturno en Libra
24 octubre 1953 –13 enero 1956	Saturno en Escorpio
14 enero 1956 – 5 mayo 1956	Saturno en Sagitario
16 mayo 1956 – 11 octubre 1956	Saturno en Escorpio
12 octubre 1956 – 5 enero 1959	Saturno en Sagitario
6 enero 1959 – 3 enero 1962	Saturno en Capricornio

4 enero 1962 – 24 marzo 1962	Saturno en Acuario
25 marzo 1962 – 17 septiembre 1964	Saturno en Piscis
18 septiembre 1964 – 17 diciembre 1964	Saturno en Acuario
18 diciembre 1964 – 3 marzo 1967	Saturno en Piscis
4 marzo 1967 – 30 abril 1969	Saturno en Aries
1 mayo 1969 – 18 junio 1971	Saturno en Tauro

19 junio 1971 – 11 enero 1972	Saturno en Géminis
12 enero 1972 – 22 febrero 1972	Saturno en Tauro
23 febrero 1972 – 1 agosto 1973	Saturno en Géminis
2 agosto 1973 – 7 enero 1974	Saturno en Cáncer
8 enero 1974 – 18 abril 1974	Saturno en Géminis
19 abril 1974 – 17 septiembre 1975	Saturno en Cáncer
18 septiembre 1975 – 13 enero 1976	Saturno en Leo
14 enero 1976 – 5 junio 1976	Saturno en Cáncer

6 junio 1976 – 17 noviembre 1977	Saturno en Leo
18 noviembre 1977 – 5 enero 1978	Saturno en Virgo
6 enero 1978 – 25 julio 1978	Saturno en Leo
26 julio 1978 – 21 septiembre 1980	Saturno en Virgo

22 septiembre 1980 – 29 noviembre 1982	Saturno en Libra
30 noviembre 1982 – 6 mayo 1983	Saturno en Escorpio
7 mayo 1983 – 24 agosto 1983	Saturno en Libra
25 agosto 1983 – 17 noviembre 1985	Saturno en Escorpio
18 noviembre 1985 – 13 febrero 1988	Saturno en Sagitario
14 febrero 1988 – 12 junio 1988	Saturno en Capricornio
13 junio 1988 – 13 noviembre 1988	Saturno en Sagitario
14 noviembre 1988 – 6 febrero 1991	Saturno en Capricornio

7 febrero 1991 – 21 mayo 1993	Saturno en Acuario
22 mayo 1993 – 30 junio 1993	Saturno en Piscis
1 julio 1993 – 28 enero 1994	Saturno en Acuario
29 enero 1994 – 8 abril 1996	Saturno en Piscis
9 abril 1996 – 9 junio 1998	Saturno en Aries
10 junio 1998 – 11 agosto 2000	Saturno en Tauro
12 agosto 2000 – 17 octubre 2000	Saturno en Géminis
18 octubre 2000 – 21 abril 2001	Saturno en Tauro

22 abril 2001 – 4 junio 2003	Saturno en Géminis
5 junio 2003 – 16 julio 2005	Saturno en Cáncer
17 julio 2005 – 2 septiembre 2007	Saturno en Leo
3 septiembre 2007 – 29 octubre 2009	Saturno en Virgo
30 octubre 2009 – 7 abril 2010	Saturno en Libra

EL PODER DE CAMBIARLO TODO
CAPÍTULO 5: ES TU DECISIÓN...

179

8 abril 2010 – 21 julio 2010	Saturno en Virgo
22 julio 2010 – 6 octubre 2012	Saturno en Libra

---

7 octubre 2012 – 23 diciembre 2014	Saturno en Escorpio
24 diciembre 2014 –15 junio 2015	Saturno en Sagitario
16 junio 2015 – 18 septiembre 2015	Saturno en Escorpio
19 septiembre 2015 – 19 diciembre 2017	Saturno en Sagitario
20 diciembre 2017 –22 marzo 2020	Saturno en Capricornio
23 marzo 2020 – 1 julio 2020	Saturno en Acuario
2 julio 2020 – 18 diciembre 2020	Saturno en Capricornio

---

19 diciembre 2020 – 8 marzo 2023	Saturno en Acuario
9 marzo 2023 – 25 mayo 2025	Saturno en Piscis
26 mayo 2025 – 2 septiembre 2025	Saturno en Aries
3 septiembre 2025 – 14 febrero 2026	Saturno en Piscis
15 febrero 2026 – 13 abril 2028	Saturno en Aries
14 abril 2028 – 1 junio 2030	Saturno en Tauro

---

2 junio 2030 – 14 julio 2032	Saturno en Géminis
15 julio 2032 – 28 agosto 2034	Saturno en Cáncer
29 agosto 2034 – 15 febrero 2035	Saturno en Leo
16 febrero 2035 –11 mayo 2035	Saturno en Cáncer
12 mayo 2035 – 16 octubre 2036	Saturno en Leo
17 octubre 2036 – 11 febrero 2037	Saturno en Virgo
12 febrero 2037 – 7 julio 2037	Saturno en Leo
8 julio 2037 – 6 septiembre 2039	Saturno en Virgo
7 septiembre 2039 – 11 noviembre 2041	Saturno en Libra

180

EL PODER DE CAMBIARLO TODO
CAPÍTULO 5: ES TU DECISIÓN...

12 noviembre 2041 – 21 junio 2042	Saturno en Escorpio
22 junio 2042 – 15 julio 2042	Saturno en Libra
16 julio 2042 – 22 febrero 2044	Saturno en Escorpio
23 febrero 2044 – 25 marzo 2044	Saturno en Sagitario
25 marzo 2044 – 30 octubre 2044	Saturno en Escorpio
31 octubre 2044 – 23 enero 2047	Saturno en Capricornio
24 enero 2047 – 10 julio 2047	Saturno en Capricornio
11 julio 2047 – 21 octubre 2047	Saturno en Sagitario
22 octubre 2047 – 20 enero 2050	Saturno en Capricornio

EL PODER DE CAMBIARLO TODO
CAPÍTULO 5: ES TU DECISIÓN...

181

Saturno en fuego	Esfuerzos creativos que definen lo que nos hace especiales. Miedo profundo a ser ordinario e irrelevante.	
Saturno en Aries	*Proactivo:* • Necesidad de sentirse poderoso. • Necesidad de ejercer infuencia sobre su entorno. • Sensación de seguridad dentro de uno mismo. • Habilidad de expresar barreras y límites personales. • Capacidad de vivir según los términos de la vida.	*Reactivo:* • Falta de poder personal. • Miedo a ser controlado por los demás. • Competitividad destructiva. • Se siente presionado e intimidado por los demás. • Represión de los deseos internos. • Resentimiento hacia la vida.
Saturno en Leo	*Proactivo:* • Necesita ser reconocido. • Necesita ser apreciado. • Fuerte sentido de la identidad; se siente cómodo con su lugar en el mundo. • Se siente seguro en su propia piel y con los demás. • Se siente cómodo estando solo. • Capaz de existir dentro de un grupo y permitir que los demás expresen su propia singularidad.	*Reactivo:* • Miedo profundo a ser invisible. • Sentimientos abrumadores de no ser apreciado. • Miedo profundo a ser irrelevante si no es el centro de atención. • Dependencia inconsciente de los demás. • Necesidad profunda de atención. • Necesita ser el protagonista del espectáculo.
Saturno en Sagitario	*Proactivo:* • Necesidad de desarrollar una visión espiritual para dar propósito a su vida. • Sensación de tener una conexión con la Luz y transformar esa energía en inspiración. • Entender su propósito en la vida.	*Reactivo:* • Dogma, estructuras demasiado rígidas que impiden un crecimiento espiritual significativo. • Miedo a la falta de sentido y de inspiración. • Engreimiento excesivo.

Saturno en tierra	Necesita encontrar la seguridad a través del mundo físico para poder encontrar su identidad y seguridad interior.	
Saturno en Tauro	*Proactivo:* • Necesidad de seguridad familiar y doméstica. • Necesidad de entender los ciclos naturales de crecimiento y vida. • Capaz de adaptarse a los demás y a sus necesidades. • Capaz de aceptar ayuda de los demás. • Entender que para crecer y desarrollarnos debemos movernos de nivel a nivel.	*Reactivo:* • Miedo a lo impredecible. • Miedo al cambio. • Testarudez. • Demasiado autosuficiente. • Inhabilidad para cambiar y evolucionar.
Saturno en Virgo	*Proactivo:* • Necesidad de controlar el mundo externo. • Preocupación por la salud física. • Entendimiento profundo de los patrones de la vida.	*Reactivo:* • Miedo al desorden y al caos. • Hipocondría. • Demasiado crítico y tendencia al pensamiento obsesivo.
Saturno en Capricornio	*Proactivo:* • Necesidad de orden y tradición. • Entender que la naturaleza humana necesita expandirse y crecer para poder evolucionar. • Entender que todo el mundo tiene la necesidad de ser un individuo y expresar la vida de formas únicas y diferentes. • Necesidad de un estatus social.	*Reactivo:* • Miedo de no pertenecer a un grupo social o tribu. • Miedo de los aspectos caóticos de la naturaleza humana. • Definiciones rígidas de los papeles sociales y sexuales. • Miedo de no tener propósito en la vida.

Saturno en aire	Necesidad de encontrar la seguridad a través del mundo de los ideales y pensamientos que definen el punto de vista de una persona.	
Saturo en Géminis	*Proactivo:* • Necesidad de conocimiento y entendimiento. • Entender que la verdad es a menudo subjetiva y que depende del cristal con que se mira. • Entender profundamente que la vida es más de lo que vemos a simple vista. • Necesidad de entender que los demás pueden tener ideas y conceptos igualmente viables. • Deseo de compartir con los demás para expandir su propia conciencia.	*Reactivo:* • Miedo a vivir en lo desconocido. • Miedo de ser abrumado por lo irracional. • Rigidez de pensamientos. • Deseo de recibir sólo para sí mismo.
Saturno en Libra	*Proactivo:* • Necesidad de establecer diferencias entre lo que está bien y lo que está mal. • Compartir por los motivos adecuados. • Ideales claros y definidos. • Capacidad de expresarse sin preocuparse por la posición social. • Permitir que las cosas ocurran a su propio tiempo.	*Reactivo:* • Incapacidad de tomar decisiones y hacer elecciones. • Miedo a ser egoísta o egocéntrico. • Incapacidad de forjar o articular opiniones. • Políticamente correcto. • Perfeccionista.

(continúa en la próxima página)

| Saturno en Acuario | *Proactivo:*
• Necesidad de preservar los valores y los ideales de grupo.
• Entender que la vida nos proporciona oportunidades para expresar nuestros ideales y méritos individuales.
• Permitir a los demás que definan su propia "moralidad".
• Entender que las necesidades individuales deben ser satisfechas para proporcionar al grupo más vitalidad y crecimiento. | *Reactivo:*
• Incapacidad de escuchar los ideales de los demás y aceptar los ideales individuales de otras personas.
• Miedo a ser diferente y único.
• Reglas morales rígidas.
• Identificación excesiva con grupos y compromisos sociales. |

Saturno en agua	Necesidad de encontrar la seguridad personal a través de relaciones que definen la autovalía y la autoestima de una persona.	
Saturno en Cáncer	*Proactivo:* • Un sentido desarrollado del amor hacia uno mismo. • Capacidad de mantenerse de pie por sí mismo. • Una asertividad desarrollada. • Comodidad estando solo. • Capacidad de desarrollar la felicidad interna de uno mismo.	*Reactivo:* • Necesidad de la garantía de recibir amor de los demás de forma incondicional. • Miedo al abandono. • Pasividad y desvalimiento. • Miedo al rechazo. • Depresión. • Codependencia.
Saturno en Escorpio	*Proactivo:* • Lealtad devota. • Confianza en la humanidad de los demás. • Comodidad con los logros de uno mismo. • Entender el amor verdadero en un nivel profundo.	*Reactivo:* • Tendencia a sospechar de los demás. • Miedo a la traición. • Orgullo. • Posesividad. • Dominio emocional sobre los demás.
Saturno en Piscis	*Proactivo:* • Necesidad de sentirse emocionalmente conectado a los demás. • Autosacrificio. • Capacidad de crear vínculos sanos con los demás. • Capacidad de desarrollar un camino espiritual profundo y necesidad de conectarse con lo divino. • Servicio a los demás.	*Reactivo:* • Miedo al aislamiento. • Miedo a la alienación. • Dar a los demás para mantenerlos emocionalmente cerca. • Sentimientos de victimismo. • Adicciones. • Dependencia de los demás.

EPÍLOGO

UN TRABAJO EN PROCESO

Espero que te hayas quedado con algunas ideas útiles de estas páginas. En ellas he compartido contigo los problemas que no me dejan dormir por las noches y los asuntos que dan alas a mi esperanza. Juntos hemos explorado mi creencia de que promover el cambio real no es tarea de la política ni de la religión; depende de nosotros, de cada uno de nosotros individualmente, crear un cambio en nosotros mismos, y por lo tanto en el mundo.

¿Cómo lo hacemos? La respuesta se halla en reconocer el mayor obstáculo que nos impide avanzar: el ego. Una vez que vemos esto, necesitamos reconocer el poder transformador de vivir esta idea todos y cada uno de nuestros días, de hacer esta elección en concreto porque disminuye el ego, y de tomar aquella otra decisión porque apoya el compartir sin egoísmo, pues ambas son dos caras de la misma preciosa moneda.

Estas elecciones que hacemos a menudo no son trascendentales, sino cientos de pequeñas decisiones que hacemos a diario: actuar o no actuar; dar o retener. Por muy pequeñas que parezcan, cada una de estas encrucijadas nos brinda una oportunidad que se extiende más allá de ese momento, y quizá incluso más allá de esta vida. Afortunadamente, el Creador nos da el libre albedrío para que podamos hacer estas elecciones, y en este regalo se halla tanto nuestro desafío como nuestra salvación.

De alguna forma, todo se resume de la siguiente manera: hay dos formas de estar en este mundo. El enfoque primitivo es vivir con soluciones temporales, sufrir de un vacío y sentir sólo momentos de felicidad verdadera, temeroso de lo que el mañana te traerá a ti y al mundo. Espero que después de leer este libro, ésta no sea la opción que escojas.

La otra opción es aceptar y apreciar todas las cosas y todas las personas que aparecen en nuestro camino, sabiendo que han sido puestos en este mundo para ayudarnos a alcanzar la perfección. Cuando adoptamos este enfoque, los obstáculos dejan de molestarnos de la misma forma. Ahora entendemos que el anhelo que experimentamos no es de posesiones materiales y estatus externo. En su lugar, ese anhelo es el deseo del alma de alcanzar la perfección para la cual nosotros y el mundo fuimos creados.

La mayoría de sistemas de planificación o establecimiento de objetivos personales trabajan para *apartarnos* de donde estamos ahora y llevarnos allí donde queremos estar. Sin embargo, hay un error de base en este enfoque. Un ejemplo de un método más efectivo está en cualquier campo creativo en el que las ideas se manifiestan en realidad; como por ejemplo la industria de la música, la industria editorial y la industria del cine. Estas industrias empiezan estableciendo la fecha de lanzamiento y luego trabajan hacia atrás para establecer puntos de referencia y objetivos a corto plazo. Necesitamos trabajar de esta misma forma para alcanzar nuestro plan de vida. Necesitamos ir hacia atrás desde nuestro yo perfeccionado.

Al prever el destino, podemos localizar los mejores pasos que nos llevarán allí. Y no estoy hablando de limitarnos a vivir el presente, porque una interpretación de vivir el presente es simplemente reaccionar a lo que la vida pone en tu camino. Estoy hablando de enfocarte en el futuro para que puedas ser proactivo en el presente, tomando conciencia de que cada día contiene oportunidades para que realicemos acciones que nos llevarán tanto a nosotros mismos como al resto del mundo más cerca de la perfección.

Cuando Dios tuvo una visión de este mundo era perfecta, y esta visión formó la base del plan de Dios para la Creación. El siguiente ejercicio te ayudará a descubrir tu yo perfeccionado y tu camino de vida (está claro que cada persona tendrá una visión y un plan distintos). No hay otra forma de hacerlo; debes hacerlo de una forma que funcione para ti. Pero no te lo saltes. No has acabado con este libro hasta que te hayas tomado el tiempo de completar este ejercicio. Este es el momento. ¡Aprovecha tu oportunidad!

Tómate tiempo para pensar en tu yo perfeccionado. No es fácil, así que no lo hagas con prisas. Saca un diario o una libreta y escribe tu visión con tanto detalle como sea posible. ¿Cómo sería tu "yo" perfecto en todas las áreas de tu vida: tus relaciones (amores, amistades, conexiones laborales), tus finanzas y tu sustento? ¿Cómo vivirías, qué harías, cuánto dinero ganarías? ¿Cómo sería tu bienestar físico? ¿Cómo se vería tu cuerpo, como se sentiría? ¿Cómo serían tu mente, tus emociones y tu vida espiritual? Conecta con el cuadro completo de tu perfección sin limitaciones ni miedos. La perfección es ilimitada. Tu visión de tu yo perfeccionado debe ser tan ilimitada como las posibilidades, así que expande tu mente.

Una vez que hayas completado esta parte del ejercicio, escribe dónde te encuentras en tu vida en este momento, con el máximo detalle posible. ¿Qué está funcionando en tu vida y por qué? ¿Qué es lo que no funciona? La clave es ser sincero. Cuando más honesto seas, más te podrá ayudar el universo.

No hay límites a lo que podemos conseguir, aunque también debes ser realista: si quieres ser un cantante de ópera y simplemente no tienes la voz adecuada, lo más probable es que no hayas nacido para ser un cantante de ópera. Nuestras almas nos han dado todo lo que necesitamos para alcanzar nuestra perfección individual. Nuestros dones están en perfecta sintonía con este propósito. Si no te dices la verdad a ti mismo, estarás demorando el proceso. Recuerda: todo lo que dices quedará entre tú y Dios.

Ahora que tienes un destino y un sentido de cuál es tu paradero actual, puedes empezar a trazar un plan. Una visión es simplemente una idea que te comprometes a perseguir y a integrar en tu vida cotidiana. Crea objetivos reales y manejables. ¿Cómo te moverás proactivamente hacia estos objetivos? ¿Qué cambios harás en tu vida diaria? ¿En cuánto tiempo? ¿Es un plan de un año, de tres o de cinco años? ¿Qué comportamientos y sistemas de creencias eliges eliminar? ¿Qué nuevas prácticas incorporarás? ¿Cómo será tu vida al final de ese año, de los tres o de los cinco años?

La gente tiende a subestimar la importancia de la visión y a sobreestimar la importancia de los objetivos. Cuida que tus objetivos a corto plazo no sean demasiado elevados. Un año pasa muy rápido. Y si no cumples tus objetivos, no abandones el barco. Recuerda que el 95% del trabajo se lleva a cabo al principio. Revisa tus objetivos y recuerda también que tu llegada a tu yo perfeccionado está garantizada. Esa es la promesa de la Creación. Si no estás cumpliendo tus objetivos a corto plazo, no te deprimas ni te enfades. Simplemente significa que hay más trabajo por hacer. Pero debes saber sin lugar a dudas que no puedes evitar tomar decisiones que al final causarán la perfección global, así como la tuya propia. Este es tu destino.

Y para cerrar, me gustaría dejarte con los tres simples conceptos de Rav Áshlag para la vida en nuestro trabajo por alcanzar la perfección.

1. **No te mientas a ti mismo.**

2. **La perfección llega con algún tipo de sacrificio.**

3. **Acepta la batalla constante para vencer al ego.**

Estás en el camino hacia tu yo perfeccionado. Estás en el camino para cambiarlo todo.

MÁS LIBROS DE YEHUDA BERG

El Poder de la Kabbalah

Imagina tu vida llena de felicidad, propósito y alegría infinitos. Imagina tus días infundidos de puro conocimiento y energía. Este es El poder de la Kabbalah. Es el camino que te transporta del placer efímero, con el que la mayoría de nosotros nos conformamos, a la plenitud duradera que te mereces. Tus deseos más profundos están esperando ser cumplidos. Descubre cómo hacerlo en esta introducción básica a la antigua sabiduría de la Kabbalah.

The Living Kabbalah System En Español: Nivel 1

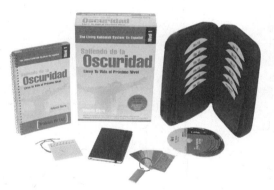

Lleva tu vida al próximo nivel con este sistema de 23 días que transformará tu vida, y te llevará a alcanzar la satisfacción duradera.

Creado por Yehuda Berg, y basado en su creencia de que la Kabbalah debe vivirse, no solo estudiarse, este sistema revolucionario e interactivo, incorpora las más avanzadas estrategias de aprendizaje y utiliza sus tres estilos:

- Auditivo (sesiones de audio grabadas).

- Visual (cuaderno de ejercicios con conceptos y gráficos).

- Táctil (ejercicios escritos, autoevaluaciones y
  herramientas físicas).

Su estuche resistente, hace que resulte un sistema fácil y práctico de usar en el auto, en el gimnasio o en el avión. Aprende de los líderes de la Kabbalah actuales, en una atmósfera íntima e individual de aprendizaje. Obtendrás herramientas prácticas y aplicables, así como ejercicios para integrar la sabiduría de la Kabbalah en tu vida diaria. En sólo 23 días, puedes aprender a vivir con mayor intensidad, tener más éxito en las relaciones y los negocios, así como alcanzar tus sueños. ¿Por qué esperar? Lleva tu vida al siguiente nivel empezando hoy mismo.

Programa de Acción para lectores con Eco-Libris

Más de 30 millones de árboles son talados anualmente para obtener el papel que se utiliza para la producción de libros vendidos sólo en los Estados Unidos. Eco-Libris apunta a elevar la conciencia de los impactos ambientales que genera el usar papel para la producción de libros y provee a gente y a negocios con una manera fácil y accesible para hacer algo al respecto: planten un árbol por cada libro que lean, publiquen o vendan. Te invitamos a tomar acción y a equilibrar tu compra de libros con Eco-Libris en su sitio web - "http://www.ecolibris.net/yehudaberg.asp" www.ecolibris.net/yehudaberg.asp [en inglés]. Por cada libro que equilibres, recibirás una calcomanía de papel reciclado que dice "Un árbol plantado por su libro", que puedes mostrar en tus libreros. Por cada cinco árboles plantados de tu parte, un árbol más será plantado por parte de Kabbalah Publishing como una forma de apreciación al compromiso con el medio ambiente.

Para alcanzar estas metas, Eco-Libris se asoció con tres compañías altamente respetadas en Estados Unidos y organizaciones sin fines de lucro en el Reino Unido que trabajan en colaboración con comunidades locales en países en desarrollo para plantar estos árboles. Estos árboles son plantados bajo altos estándares ecológicos y sustentables en América Latina y África, donde la deforestación es un problema crucial. Plantar árboles en estos lugares nos ayuda no sólo a combatir el cambio climático y conservar el suelo y el agua, sino que también beneficia a muchos habitantes locales, para quienes estos árboles ofrecen muchos beneficios, como el mejoramiento de las cosechas, comida y ganancias adicionales, así como la oportunidad de un futuro mejor.

Yehuda Berg mantiene una fuerte presencia online que le permite llegar a todo el mundo. Además de su Blog en inglés: www.yehudaberg.com, cuenta con su página de Facebook, Twitter, canal de YouTube y de Ustream por donde se transmiten videos de las charlas que realiza alrededor del mundo. Para el mercado de habla hispana, Yehuda expandió su presencia con la creación de su página de Facebook, canal de YouTube con videos subtitulados y una cuenta de Twitter en la que se traducen sus mensajes en inglés. A través de estas redes sociales mantiene contacto con sus seguidores tanto en inglés como en español.

Contacta a Yehuda en Facebook: @yehudaberg.esp, Twitter: @yehudaberg _esp o suscríbete a su canal de YouTube: yehudaberges

Links de interés:

a) Facebook(español): www.facebook.com/yehudaberg.esp

b) Twitter (español):   user: @yehudaberg_esp
                           Link: www.twitter.com/yehudaberg_esp

c) YouTube: www.youtube.com/yehudaberges

d) Ustream: http://www.ustream.tv/channel/yehuda-berg-live
                           (es el mismo canal para inglés y español)

e) Flickr Acc (inglés y español):
                           http://www.flickr.com/photos/yehudaberg/

Números 1 800

PAÍS	NÚMERO
Brasil	0800 772 3272
España	00 800 5222 2524
México	001 800 522 2252

Información de contacto de Centros y Grupos de Estudio

Argentina:

Buenos Aires
Teléfono: (54) 11 4831 3443
kcargentina@kabbalah.com

Córdoba
Teléfono: 0351 15200 1111
kcargentina@kabbalah.com

Corrientes
Teléfono: 434668 15603222
kcargentina@kabbalah.com

Chile:

Santiago
Tel (56) 2 21 52 737
kcchile@kabbalah.com
Facebook: Kabbalah Chile
Twitter: Kabbalah_Chile

Colombia:

Bogotá
Teléfonos:(57) 1 321 7430 /
(57) 1 212 6620 / 6621
kcbogota@kabbalah.com
Facebook: Centro de Kabbalah
Bogotá
Twitter: Kabbalahcol

Medellín
Teléfonos: (57) 4 311 9004 /
(57) 3 136 49 2898
kcmedellin@kabbalah.com
Facebook: Kabbalah Centre Medellín

Guatemala:

Teléfono: 5703 2220
guatemala@kabbalah.com

México:

D.F., Polanco
Teléfono: 52 80 05 11
kcmexico@kabbalah.com
Facebook: kabbalahmexico
Twitter: kabbalahmx

D.F., Tecamachalco
Teléfono: 55 89 44 64
kcmexico@kabbalah.com
Facebook: kabbalahmexico
Twitter: kabbalahmx

Guadalajara
Teléfonos: (52) 33 31 23 0976 /
(52) 33 15 96 2478
kcguadalajara@kabbalah.com
Facebook: Kabbalah Centre Guadalajara
Twitter: kabbalahgdl

Poza Rica
Teléfonos: 782 119 1045 / 782 108
4567 / 82 6 50 45 / 82 6 55 85
deborah.ortega@kabbalah.com

San Luis Potosí
Teléfono: 44 41 83 53 36
kcsanluispotosi@kabbalah.com

Panamá:

Teléfono: 507 396 5270
kcpanama@kabbalah.com

Paraguay:

Teléfono: 981 576 740
paraguay@kabbalah.com

Perú:

Teléfono: (51) 1 705 3171
peru@kabbalah.com
Facebook: Kabbalah Perú
Twitter: kabbalahperu

Puerto Rico:

Teléfono: 787 717 0281
kcpuertorico@kabbalah.com

República Dominicana:

Santiago
Teléfono: 809 449 0281
republicadominicana@kabbalah.com

Santo Domingo
Teléfono: 809 683 1992 / 829 344 1166
republicadominicana@kabbalah.com

Uruguay:

kcuruguay@kabbalah.com

Venezuela:

Caracas
Teléfono: (58) 212 267 7432 / 8368
caracastkc@kabbalah.com
Facebook: Centro Kabbalah
Venezuela
Twitter: KabbalahVe

Acarigua
Teléfono: (58) 255 664 4262
venezuelatkc@kabbalah.com

Barquisimeto
Teléfono: (58) 414 505 4282 /
(58) 414 527 3567
venezuelatkc@kabbalah.com

Maracay
Teléfono: (58) 414 494 0456
venezuelatkc@kabbalah.com

Puerto La Cruz
Teléfono: (58) 414 806 8000 /
(58) 414 847 2744
venezuelatkc@kabbalah.com

San Cristóbal
Teléfono: (58) 414 737 6778
venezuelatkc@kabbalah.com

Valencia
Teléfono: (58) 241 843 1746 /
(58) 212 267 7432
venezuelatkc@kabbalah.com

To Peter,

May the wisdom of this book help you
to be the change you wish to see in this
World—and—may the Light protect you
and be with you always.

With love.